LE

TRIBUNAL SECRET,

DRAME HISTORIQUE.

LE
TRIBUNAL SECRET,
DRAME HISTORIQUE,
EN CINQ ACTES,

Précédé d'une Notice sur cet étrange établissement;

TRADUIT DE L'ALLEMAND

PAR JEAN-NICOLAS-ÉTIENNE DE BOCK.

A METZ,
DE L'IMPRIMERIE DE CLAUDE LAMORT.
M. DCC. XCI.

AVERTISSEMENT.

J'AI fait imprimer, en 1788, dans le second volume de mes Œuvres Diverses, les deux premiers actes du Tribunal Secret. Depuis, le public a paru desirer la suite de ce singulier drame, et je m'empresse aujourd'hui à le donner en entier. Les trois derniers actes n'ayant été achevés que long-temps après les deux premiers, il a fallu, pour ainsi dire, refondre toute la piece; c'est ce qui m'oblige à réunir les cinq actes dans un volume séparé, au-lieu de m'être contenté de donner les trois derniers par forme de supplément.

J'ai aussi cru nécessaire, pour la satisfaction de mes lecteurs, de faire réimprimer en tête du Tribunal Secret, la notice historique relative à cette étrange institution, qui se trouve dans le second volume de mes Œuvres Diverses.

Ce drame, au reste, et Herman d'Unna, que je viens de publier, contiennent tout ce qui est parvenu jusqu'à nous, d'un établissement qui a, durant plus d'un siecle, fait trembler une grande partie des peuples de l'Europe. Il n'étoit peut-être pas inutile, tandis que le temps emporte et détruit comme un torrent, le souvenir du passé, de recueillir ce que des livres presque oubliés, et la tradition, ont conservé de ce délire de l'esprit humain.

A Buy, dans le pays messin, ce premier novembre 1790.

BOCK.

NOTICE

Sur le Tribunal secret et les Francs-Juges de Westphalie, tirée du second volume des œuvres diverses du ci-devant Baron de Bock.

Les francs-comtes et les francs-juges de Westphalie, que leur puissance et leur constitution rendirent, vers le commencement du quinzieme siecle, si célebres et si redoutables, qu'il s'en fallut peu qu'on ne sévît contre eux avec la même rigueur que contre les templiers, sont aujourd'hui tellement oubliés qu'à peine l'histoire en conserve quelques traces. La singularité de cette institution trop peu connue, et qui a un rapport direct avec celle des illuminés, dont les progrès ont été si rapides il y a deux ou trois ans en Allemagne, m'engage à en donner ici quelques détails. Je les ai d'ailleurs cru nécessaires pour l'intelligence de ce qu'on va lire.

L'origine des francs-comtes et des francs-juges remonte au regne de Charlemagne. Ils prétendoient avoir été substitués aux commissaires impériaux (missis per tempora discurrentibus), *qui alloient tous les ans, et même plus souvent, faire leur tournée dans l'Empire. Chacun pouvoit leur porter ses plaintes contre les gouverneurs de provinces et autres principaux officiers, ainsi que plaider pardevant eux les causes, dont la décision étoit réservée exclusivement à l'empereur. Et comme il paroît qu'il n'étoit point permis aux magistrats ordinaires de condamner les coupables à une plus forte peine que l'amende, ces commissaires jugeoient souverainement presque toutes les affaires, et ils avoient seuls le droit d'infliger, au nom de l'empereur, des peines corporelles, soit contre ceux dont les crimes n'étoient point rémissibles, soit contre ceux que leur refus de payer l'amende à laquelle ils avoient été condamnés par les juges ordinaires, rendoit coupables de rebellion.*

La nature de cette commission exigeoit deux sortes de procédures : l'une publique et l'autre secrette. La sorcellerie, la magie et les vols commis dans les églises, étant rangés dans la classe des crimes irrémissibles, il falloit nécessairement faire à ce sujet des informations secrettes ; de là on peut induire que si les premieres séances de ce tribunal se tenoient publiquement, il y en avoit ensuite d'autres où personne n'étoit admis.

Comme ces commissaires ne pouvoient pas demeurer long-temps dans le même lieu, l'instruction des procès se faisoit sommairement et en la maniere suivante. On choisissoit dans chaque district deux personnes d'une probité reconnue, et quelquefois davantage ; on les prenoit à serment, puis on les chargeoit d'examiner les crimes de ceux qui étoient accusés, et d'après leur rapport on rendoit un jugement définitif. Nous observerons qu'on avoit grand soin de cacher au peuple le nom de ces jurés, afin qu'il ne s'en méfiât point, de maniere qu'on vivoit dans une inquiétude perpétuelle, et qu'un frere n'osoit souvent pas se confier à son propre frere.

Si l'on compare ces commissions extraordinaires, établies par Charlemagne avec le tribunal secret qui lui est postérieur, on trouvera la plus parfaite ressemblance entre eux.

Les séances de celui-ci s'appelloient la chose franche (*freidinge*) ; *le lieu où elles se tenoient* le tribunal franc (*frei stuhl*) ; *le commissaire*, franc-comte (*freigraf*), *et les jurés*, francs-juges (*freischoepfen*). *Le duc de Saxe, qui étoit le souverain chef des commissaires du temps de Charlemagne, l'étoit aussi des tribunaux francs, et en cette qualité il avoit le droit du patronage sur chaque siege, et la nomination du franc-comte, qui ensuite recevoit de l'empereur, à titre de fief, l'investiture de sa charge.*

On jugeoit à ce nouveau tribunal, comme à l'ancien, toutes les especes de délits ; on y recevoit des plaintes contre les gens qui refusoient de se défendre devant leurs juges naturels. Enfin, comme à l'ancien tribunal, on tenoit des séances publiques en plein air, et il y en avoit d'autres secrettes où se traitoient les principales affaires; d'où lui est venu le nom de tribunal secret (*heimliche acht*). *Le peuple ne connoissoit point les francs-juges, et ceux-ci s'étoient engagés par le serment le plus terrible à livrer pere, mere, frere, sœur, ami ou parent sans exception, s'ils avoient commis quelque crime qui fût dans le cas d'être dénoncé au tribunal secret. Les francs-juges étoient alors obligés de lui faire part de ce qu'ils avoient appris relativement à l'affaire dont il s'agissoit, d'aller citer les coupables ; et, si la sentence l'ordonnoit, de les pendre par-tout où ils les trouvoient. Les membres de ce tribunal maintenoient par-là l'autorité de l'empereur, en qualité de commissaires impériaux, dans toute l'étendue de l'empire, sans s'embarrasser des droits des états chez lesquels ils l'exerçoient; et ils auroient infailliblement fait disparoître toute autre supériorité territoriale, s'ils avoient continué à subsister.*

Il est déja fait mention en 1211, peu de temps après l'extinction du grand duché de Saxe, du tribunal secret, comme d'un établissement connu. Vraisemblablement, les francs-comtes tiroient, avant ce temps, leurs pouvoirs des ducs de Saxe, par qui ils étoient, sans doute, nommés, en qualité de souverains chefs des commissaires impériaux. Ce n'est donc qu'après l'extinction de ce duché, que les tribunaux secrets se trouverent exposés au grand jour. Aucun prince de l'empire ne voulut plus souffrir dans ses états une commission impériale, indépendante de son autorité; et chacun d'eux tâcha en conséquence de devenir lui-même le chef de cette commission. Le seul archevêque de Cologne, qui avoit obtenu le duché de Westphalie s'opposa à cette entreprise, et fit si bien qu'il fut reconnu dans presque toute la Westphalie, pour l'unique chef suprême des tribunaux secrets. Les francs-comtes de ce pays furent durant un temps, nommés par lui, et ils en reçurent l'investiture de leurs charges.

Les tribunaux secrets resterent assez long-temps dans cet état; mais, vers la fin du quatorzieme et au commencement du quinzieme siecle, on les vit tout à coup s'élever à un degré de puissance si formidable, que l'Allemagne entiere en fut épouvantée. Je ne crois pas exagérer, en disant qu'à cette époque il y avoit dans l'empire plus de cent mille francs-juges, qui, par toutes sortes de moyens, mettoient à mort quiconque avoit été condamné par leur tribunal. Lorsqu'en Baviere, en Autriche, en Franconie, et en Souabe, quelqu'un refusoit de comparoître devant ses juges naturels, on avoit aussi-tôt recours d'un des francs-tribunaux de Westphalie où l'on rendoit une sentence, qui, dès qu'elle étoit connue de l'ordre des francs-juges, mettoit en mouvement cent mille assassins qui avoient juré de n'épargner ni leurs parens ni leurs meilleurs amis.

Si un franc-juge, voyageant avec un de ses amis condamné par le Tribunal secret, avoit voulu le sauver, et que pour l'avertir du danger qu'il couroit, il lui eût seulement dit cette formule, alors en usage dans de pareilles occasions : On mange ailleurs de l'aussi bon pain qu'ici ; *dès ce moment les francs-juges, ses confreres, étoient tenus par leur serment à pendre le traître sept pieds plus haut que tout autre criminel condamné au même supplice. Il n'y avoit aucune objection à faire contre les sentences de ce tribunal. Il falloit les exécuter sur le champ avec la derniere ponctualité et la plus parfaite obéissance, quand bien même on auroit regardé le coupable comme le plus honnête homme du monde. Cela engagea presque tous ceux qui avoient de la naissance ou de la fortune à se faire agréger à cet ordre. Chaque prince avoit quelques francs-juges dans son conseil ; il en étoit de même parmi les magistrats des villes impériales* (1). *Et il y avoit alors plus de gentilshommes francs-juges, qu'il n'y en a aujourd'hui de francs-maçons. Dans le procès que la ville d'Osnabruck eut à soutenir contre Conrard de Langen, et où celui-ci fut condamné, il se trouva au tribunal secret près de trois cents francs-juges, dont une partie étoit de la noblesse immédiate, et les autres de simples*

(1) *Werlich rapporte dans ses chroniques, Aug. p. 2, C. 9, qu'il y avoit trente-six francs-juges dans la seule ville d'Augsbourg. On peut juger par-là combien il devoit y en avoir dans tout l'empire d'Allemagne.*

bourgeois (1). *Plusieurs princes enfin se firent recevoir eux-mêmes, tels que le duc de Baviere, le margrave de Brandebourg, etc.*

On peut juger de l'obéissance servile qu'exigeoit le tribunal secret de la part de ses membres, par ce mot du duc Guillaume de Brunsvick, qui étoit un des francs-juges. « *Il faudra bien, disoit-il, que je fasse pendre le duc Adolphe de Scleswic, s'il vient me voir, sans quoi mes confreres me pendront moi-même* (2). »

Il étoit très-rare qu'on pût se soustraire aux procédures de ce tribunal, car les francs-juges n'étant point connus, épioient le moment où un prince sortoit de son palais, un gentilhomme de son château, ou un bourgeois de sa ville, pour aller pendant la nuit afficher à sa porte l'assignation qu'on lui donnoit de comparoître devant le tribunal. Si, après avoir renouvellé cette formalité par trois fois, il ne se présentoit point, il étoit condamné; mais, avant que de faire exécuter la sentence, on le citoit encore une derniere fois, après quoi on l'abandonnoit à la vengeance de cette armée invisible de francs-juges, qui le poursuivoient jusqu'à ce qu'il fût mis à mort.

Lorsqu'un franc-juge étoit trop foible pour arrêter un criminel et le pendre, il étoit obligé de ne pas le perdre de vue qu'il n'eût trouvé un nombre suffisant de ses confreres, avec le secours desquels il put s'acquitter de l'ordre dont il étoit chargé; et ceux-ci, sans autre explication que quelques signes convenus, l'aidoient dans son opération. Ils pendoient les malheureux proscrits avec une branche de saule, au-lieu de corde, au premier arbre

(1) *Beim Kress. vom. archid. wesen in app. s.* 161.

(2) *Jean de Busche de réform. monast. III*, 42, *p.* 942.

qui se rencontroit sur le grand chemin, mais jamais à une potence, afin de faire connoître par-là que c'étoit en vertu d'une commission impériale, qu'ils exerçoient leurs fonctions librement dans tout l'empire, et non sous l'autorité d'aucun seigneur particulier. Etoient-ils forcés par les circonstances de tuer le coupable à coups de poignards ou autrement? alors ils attachoient le cadavre à un arbre, et y laissoient leur couteau, afin qu'on sût qu'il n'avoit pas été assassiné, mais exécuté par un franc-juge.

Le plus profond mystere accompagnoit toutes leurs opérations, et l'on ignore encore aujourd'hui à l'aide de quels signes (1), *les sages (c'étoit le nom qu'on leur donnoit), se reconnoissoient entre eux. A plus forte raison n'est-on pas mieux instruit de la plupart de leurs autres réglemens. Quoique l'empereur fût sensé le chef suprême de cet ordre, il étoit défendu de lui révéler ce qui se passoit dans le tribunal secret; seulement, lorsqu'il demandoit: un tel a-t-il été condamné? on pouvoit lui répondre* oui *ou* non. *Si, au contraire, il s'informoit du nom de la personne, il n'étoit point permis de le lui dire. On en voit la preuve dans les réponses que les francs-comtes firent en 1404 à l'empereur Robert* (2).

L'empereur, ou le duc son représentant, ne pouvoit point faire de francs-juges ailleurs que sur la terre rouge, c'est-à-dire, en Westphalie; il falloit de plus que ce fût dans un tribunal franc, et avec l'assistance de

(1) *On a trouvé dans un protocole, à Herfort, les quatre lettres suivantes S. S. G. G., que l'on prétend signifier en allemand;* Stoc, Stein, Gras, Grein, *en françois;* bâton, pierre, herbe, pleurs; *S. Pleffinger, T. IV, p.* 490.

(2) *App. datt., de pace publicâ. p.* 777.

deux ou trois francs-juges qui servoient de témoins. Quant au sens mistique qui étoit caché sous le mot de terre rouge, on ne l'a pu expliquer jusqu'à présent. Peut-être ne donnoit-on ce nom à la Westphalie, que parce que le fonds de l'écu des armes de Saxe étoit de gueules. Les francs-juges tenoient si fort à l'observation de leurs formes, que le roi Winceslas ayant voulu, de sa seule autorité, créer des francs-juges dans la Westphalie, et l'empereur Robert ayant demandé comment les vrais francs-juges se comportoient envers ceux-ci, on lui répondit, qu'ils pendoient les nouveaux venus sur le champ et sans miséricorde.

L'empereur seul avoit droit de donner une sauve-garde à ceux qui avoient été condamnés par le tribunal secret; c'étoit une des réserves que Charlemagne avoit insérées dans ses capitulaires.

Au reste, la vraie cause de la chûte de ces tribunaux, fut la supériorité territoriale que les princes acquirent insensiblement dans leurs états. Ils travaillerent si constamment à extirper cet établissement, indépendant de leur autorité, qu'ils y parvinrent à la fin. Il n'a toutefois jamais été entièrement aboli par les loix de l'empire; il a seulement été borné à son usage primitif, et circonscrit à certains districts. L'empereur donne encore aujourd'hui en fief, des tribunaux francs, et on en trouve plusieurs dans le comté de la Marck et le duché de Westphalie; mais ils ont perdu l'immédiateté, et n'exercent plus leurs fonctions qu'au nom du souverain, dans les états duquel ils sont établis.

Il paroît vraisemblable, que ce qui avoit si prodigieusement accru à la fin du quatorzieme et au commencement du quinzieme siecle le pouvoir des tribunaux secrets, étoit l'anarchie qui régnoit alors dans l'empire. La chambre de Vetzlar et le conseil aulique ne subsistoient pas, et il étoit impossible à un particulier d'obtenir justice d'un prince ou de tout autre état de l'empire. Ainsi les tribunaux secrets remédierent pendant quelque temps à ce vice de la confédération germanique, et surent également se faire craindre et respecter.

NOMS DES ACTEURS.

GUILLAUME, duc de Julliers.
CONRARD DE SONTHEIM, chevalier.
MATHILDE, sa femme.
HENRY DE WESTHAUSEN, chevalier.

Chevaliers du tribunal secret. {
ULRIC ZOLLER, grand-maître d'hôtel du duc.
ALBERT DE LINNE, chevalier.
DIDIER D'ARLHEIM, chevalier.
}

EVRARD, archevêque de Cologne, doyen du tribunal secret.
ADOLPHE D'EIMINGEN, chevalier.
Le concierge du château de Sontheim.
FRANÇOIS, écuyer de Conrard.
La femme de François.
WOLF.
Chevaliers masqués, membres du tribunal secret.
Huissiers attachés au tribunal secret.
Domestiques et gens de la suite du duc et de Conrard.

La scene se passe en Westphalie.

LE TRIBUNAL SECRET.

ACTE PREMIER.

(Le théâtre représente une salle du château de Sontheim).

SCENE PREMIERE.

CONRARD DE SONTHEIM, ZOLLER.

CONRARD.

Je vous remercie, monsieur le grand-maître, de la bonne nouvelle que vous m'apportez. Quand puis-je me flatter de le voir ici?

ZOLLER.

Dès aujourd'hui; les préparatifs de son départ étoient déja fort avancés, lorsque je l'ai quitté. C'est à titre d'ami, de simple chevalier, que le duc vient vous rendre visite; c'est ce qu'il m'a chargé de vous dire; d'ailleurs il n'a presque point de suite.

CONRARD.

Je reconnois là sa bienveillance ordinaire. Cependant.... je desire auparavant avoir un mot d'explication avec vous. L'arrivée du duc vous rend mon convive..... Comment sommes-nous ensemble?

ZOLLER.

Chevalier....

CONRARD.

Pardon, je ne voudrois pas vous rappeller des souvenirs désagréables ; mais je serois fâché, étant votre hôte, de penser que vous avez contre moi quelques mécontentemens secrets.

ZOLLER.

Non, je n'en ai plus. N'avez-vous pas depuis ce temps embrassé le parti de l'empereur Charles? Tout le passé est oublié.

CONRARD.

Votre main... et soyez le bien-venu.

SCENE SECONDE.

LES ACTEURS PRÉCÉDENS ET LE CONCIERGE DU CHATEAU.

LE CONCIERGE (à Conrard).

Il se présente, seigneur, à la porte un chevalier étranger, qui demande à vous parler. Il n'a pas voulu me dire son nom, mais il assure que vous le connoissez.

CONRARD.

Faites-le entrer et amenez-le moi. (*Le con-*

cierge sort). Voilà une apparition extraordinaire. Depuis long-temps il n'est point venu ici de chevaliers.

ZOLLER.

Ces messieurs se trouvent bien dans leurs châteaux; ils s'y délassent de leurs fatigues le mieux qu'ils peuvent.

SCENE TROISIEME.

CONRARD DE SONTHEIM, ZOLLER, HENRY DE WESTHAUSEN.

HENRY.

(*Il se jette en entrant dans les bras de Conrard*).

CONRARD.

Quoi ! cela est-il possible ? Henry.... te voilà donc après une si longue absence !

HENRY.

C'est aussi bien réellement toi ? je te vois enfin ? A peine ai-je pu percer ta brillante livrée pour arriver jusqu'à toi. J'ai demandé après le chevalier Kurd, l'on ma mené au seigneur de Sontheim.... soit! pourvu que je t'aie encore une fois retrouvé.

ZOLLER (à Sontheim.)

Je me suis acquitté de ma commission ; je vous laisse, (*en se tournant du côté de Henry*) et me réjouis d'avoir rencontré le brave Westhausen, dont l'amitié a plus valu aux bavarois, qu'une armée entiere.

HENRY, (pendant qu'il le considere avec attention.)

A l'empereur Louis de Baviere, voulez-vous dire.... il me semble que je vous connois.

ZOLLER.

J'espere que non, seigneur chevalier; si cela étoit, je desirerois que vous l'oubliassiez, et que vous me considérassiez comme un étranger. (*A Conrard*) Madame de Sontheim ne saura sans doute rien de ma mission; permettez-vous....

CONRARD.

Allez et ordonnez dans mon château comme moi même; ne vous laissez sur-tout manquer de rien. (*Zoller sort.*)

SCENE QUATRIEME.

CONRARD DE SONTHEIM, HENRY DE WESTHAUSEN.

HENRY.

Ne rougis pas de moi, Conrard; c'est un avœu dur à faire; l'oisiveté, le désœuvrement m'amenent aujourd'hui chez toi. J'y serois sans doute venu avec encore plus de plaisir, si ton château s'étoit trouvé placé sur le chemin de la gloire. Mais l'Allemagne est dans une profonde tranquillité. Les princes et les chevaliers ont appris à mettre leurs passions en vente, et l'Empereur paie cher cette marchandise. Je viens de quitter les enfans de Louis; ils n'ont plus besoin des amis de leur pere. Ils ont aussi vendu leurs droits aux honneurs, pour de l'or. Sais-tu un coin dans l'empire où il y ait quelque chose à faire pour nous? si cela est, dit le;... nous partirons sur le champ ensemble pour nous y rendre.

CONRARD.

Ou mieux encore, nous resterons ici. N'es-tu pas las de courir sans cesse? n'aspireras-tu jamais au repos? la destinée semble elle-même t'inviter à fixer ton séjour en ce lieu; ne méconnois pas ses avis. Actuellement tu te consumerois en vains efforts..... Tu me regardes d'un air inquiet, alarmé; certainement, Henry, je veux t'apprendre à jouir de la vie.

HENRY.

Ah! c'est positivement ce que tout m'annonçoit à l'instant où j'ai mis les pieds dans le château de Sontheim. Tout y est changé, tout y est brillant jusqu'au langage et au cœur de Conrard. A la vérité cette jouissance de la vie nous paroissoit autrefois un sommeil mortel pour l'ame.... Nous étions alors des foux affairés, aujourd'hui nous ne sommes plus si dupes. Prévenir les ravages de la vieillesse, s'arrêter volontairement au milieu de sa carriere, avant que d'y être contraint par le froid des années, c'est sagesse.

CONRARD.

Non, monsieur le railleur, je ne dis point

cela; mais l'homme apprend à conduire sa maison avec ces mêmes forces, que la jeunesse emploie souvent si inutilement à la poursuite de vains fantômes.

CONRARD (d'un ton amer et avec chaleur.)

Fantômes!... cela est cependant vrai. Durant tout le chemin, je n'ai entendu parler que du puissant Conrard et de la belle Mathilde. Et tu es aussi réconcilié avec l'empereur.

CONRARD.

Je le suis sans doute; pourquoi ce ton de reproche? crois-moi, je dirai seulement un mot pour toi,...., je t'en donne ma parole d'honneur..., ce mot ne t'humiliera pas, et la résistance que tu as faite sera oubliée. J'ai beaucoup de crédit auprès de lui.

HENRY.

O pressentiment funeste! Conrard! Conrard! tu es bien venu de Charles, et tu étois l'ami de Louis? tu ne sens pas la différence? (*avec émotion et en lui prenant la main*). En vérité, Conrard, il te sied mal d'être si avant dans la confiance de l'empereur.

CONRARD.

Enthousiaste! qu'importe aux cendres de Louis l'empire d'Allemagne? de quelle utilité lui seroit notre imbécille opiniâtreté à ne pas vouloir reconnoître pour notre maître celui que nous ne pouvons pas empêcher de l'être?

HENRY.

On en attend un troisieme; on regarde l'autre

de mauvais œil, et l'on ne rampe pas au pied de son trône. Le Roi de Bohême jouit tranquillement de l'empire; soit! je ne hais point Charles! mais j'aimois Louis de Baviere!.... et, grace au ciel, je n'ai pas encore désappris à me passer d'empereur!

CONRARD.

Pourquoi aurois-tu besoin de lui ici?.... non, Henry, tu resteras auprès de moi, et nos ames se remettront comme auparavant à l'unisson. Nous honorerons de concert la mémoire de Louis; je justifierai auprès de Charles le crime de leze-Majesté dont tu t'es rendu coupable. Et quand nous nous rappellerons le passé, ces actions cruelles et sanglantes....

HENRY.

A merveille! ta proposition me plait. Le plaisir mérite bien un petit sacrifice. Combien doux ne sera pas l'étonnement enfantin que nous éprouverons, en songeant à ce que nous étions autrefois! Je te le dis, nous nous sommes trouvés dans des situations qui nous paroîtront incroyables. Par exemple, la blessure que tu portes sur le front fournira matiere à la conversation pour plus d'une soirée d'hyver. Qu'elle seroit bientôt oubliée, si tu sortois pour en aller chercher de nouvelles! . . . . O! cette blessure! (*il le serre avec ardeur dans ses bras, et le baise sur le front.*) Conrard! . . . . c'est à toi que je suis redevable de la vie! veux-tu avilir à ce point ton propre bienfait? (*D'un ton de plaisanterie amere*) Cela ne te servira à rien, Conrard; car, vois-tu, la faute n'en retombera pas sur moi.

CONRARD, (d'une voix étouffée.)

Pourquoi me parles-tu de cela ?

HENRY.

Ne te détourne point, mon ami, ne retiens point cette larme; j'espere que tu ne l'auras pas versée en vain; déja j'y vois le germe de tes grandes actions futures.

CONRARD.

Non, Henry, ma carriere est terminée. Je ne courrai plus après la gloire. Tu ne me comprends pas; tu ignores sans doute les liens, qui m'enchaînent. J'ai une femme dont je suis tendrement aimé; un fils qui. . . quoi que tu en dises, Westhausen. . . n'aura point à rougir de son pere. . . . Crois-moi, il y a, indépendamment de l'exercice des armes, d'autres devoirs sacrés à remplir.

HENRY.

Et si cependant tu te trompois, Conrard? Ta femme ne peut pas t'aimer, si elle n'a jamais à trembler pour ta vie. Et tes fils . . . . tu devrois les connoître, ces foibles avortons élevés chez toi dans l'indolence et l'oisiveté. Assois-toi près d'eux, et raconte-leur les hauts faits des Césars et des Alexandres ; tu les entendras se féliciter du doux repos dont jouit leur pere. Mais celui-là seul travaille pour la postérité, qui, se précipitant dans les plus grands dangers, ne regarde une action glorieuse qu'il vient de faire, que comme un acheminement à une nouvelle. Quand ses enfans demandent où est leur pere, et qu'on leur raconte les faits héroïques, les entreprises audacieuses qui le retiennent loin ... bien loin d'eux ..... alors leurs jeunes cœurs s'enflamment; ils desirent ardemment d'aller le rejoindre, et de combattre sous ses yeux pour la gloire.

CONRARD. (Il le prend par la main.)

J'ai vaincu, Henry; regarde derriere toi.... voilà ma Mathilde.

SCENE CINQUIEME.

LES ACTEURS PRÉCÉDENS, MATHILDE.

MATHILDE.

Vous êtes bien tranquille, mon cher ami? vous avez cependant entendu parler de la visite...

CONRARD.

Il ne seroit pas surprenant que je l'eusse oubliée. Mathilde, vois cet homme.

MATHILDE (à Henry).

Vous êtes de la suite du duc? Savez-vous s'il arrivera bientôt?

HENRY.

Je ne suis, madame, de la suite d'aucun duc.

CONRARD.

Non, Mathilde. Henry de Westhausen, dont le nom....

MATHILDE.

Vient-il avec le duc, ce sauvage Westhausen?

CONRARD.

Il est venu seul, et il est devant toi.

MATHILDE.

En vérité..... vous voudrez donc bien m'excuser, seigneur chevalier.

HENRY.

Ce n'est pas la premiere fois, madame, que j'ai l'honneur de vous voir. La réputation de la belle Mathilde m'attira, il y a environ cinq ans, dans l'église des augustins de Paterbon, où j'asistai au mariage qui vous unit avec votre premier époux. Il n'étoit certes pas facile de vous approcher. La foule vous environnoit de toute part, ainsi que celui auquel vous alliez donner la main; et la sainteté même du lieu ne put pas empêcher l'admiration universelle d'éclater.

MATHILDE.

Le peuple admire volontiers des victimes ornées. Mais vous, seigneur chevalier, épargnez-moi le souvenir de ce jour-là.

HENRY.

Comment? le souvenir d'un jour dans lequel vous avez été unie à un des plus grands hommes de l'Allemagne? Vous aviez, je crois, alors dix-sept ans; tous les charmes de la jeunesse embellissoient votre personne. Mais Herman de Landsberg étoit digne de se trouver à vos côtés; jamais je ne vis une plus belle figure dans l'âge mûr. Quoique ses cheveux commençassent déja à blanchir, son air martial faisoit honte à la plupart des jeunes gens; le feu de ses yeux faisoit oublier ses années, et plus d'une de vos compagnes sembloient envier votre sort... cet homme est mort trop tôt!

CONRARD, (en parlant lentement et d'un air sombre.)

Cet homme est mort trop tôt?

HENRY (se tournant du côté de Conrard.)

Et Toi aussi?

CONRARD, (d'un ton emporté.)

Que veux-tu dire?

MATHILDE.

Le temps passe, Conrard, et rien n'est prêt pour la réception de notre illustre convive. Permettez que je me retire afin de faire les dispositions nécessaires.

HENRY.

Je n'ai plus qu'un mot à vous dire, madame; daignez m'accorder encore un instant d'audience.

MATHILDE.

Et ce mot, seigneur chevalier?

HENRY, (Il prend Conrard par la main, et le mene devant Mathilde.)

N'avez-vous jamais remarqué cette cicatrice sur le front de votre époux? .... Qu'en dites-vous? N'est-il pas vrai qu'elle lui sied bien?

MATHILDE.

Elle orne sa figure martiale, mais....

HENRY.

Il y a actuellement sept ans, que Conrard et moi nous combattions ensemble pour soutenir les intérêts de Louis de Baviere contre le vieux roi de Bohême. Dans la mêlée mon cheval fut tué sous moi. Une nombreuse troupe de bohémiens m'environnoit, j'étois étendu par terre blessé et sans défense. Déja une hache d'armes menaçoit ma tête, lorsque le bras de Conrard détourne le coup. Tel qu'un lion il s'élance au milieu de la troupe; lui seul la dissipe et me procure le moyen de me relever et de continuer à combattre. C'est dans cette occasion qu'il a reçu la blessure dont vous voyez l'empreinte; c'est à moi, madame, qu'il la doit, et je lui dois la vie.

MATHILDE.

Cela étoit fort beau de la part de votre ami?

HENRY.

Très-assurément, madame. J'espere donc que vous aurez quelque reconnoissance envers un homme auquel votre Conrard doit son plus bel ornement. Je desirerois ardemment être bien venu de la belle Mathilde. Me refusera-t-elle cette grace?

MATHILDE.

Je vous entends, seigneur chevalier; soyez le bien-venu. (*finement*) Quelqu'étonné que vous sembliez être aujourd'hui de lui avoir procuré cet ornement pour moi. (*Elle sort.*)

SCENE SIXIEME.

CONRARD DE SONTHEIM, HENRY DE WEST-HAUSEN.

(*Un court silence, pendant lequel Henry regarde son ami qui a la tête baissée et paroît rêveur.*)

HENRY.

Est-ce votre duc, le duc de Julliers, que vous attendez?

CONRARD.

Lui-même.

HENRY.

Soit; j'ai toujours desiré de connoître ce rusé politique. Il devoit à la reconnoissance de Louis le titre de Margrave : lorsque Louis mourut, et que ses fils eurent reçu des sommes énormes du roi de Bohême, tout le monde trembla pour le nouveau Margrave, et peu après Charles le fit duc. Si l'Allemagne a encore deux empereurs pareils, Guillaume deviendra infailliblement roi.

CONRARD.

Tu as par ma foi raison.

HENRY.

Qu'as-tu donc? ton air devient toujours plus sombre : est-ce ainsi que tu me reçois après une absence de six ans? J'avois mille choses sur le cœur avant mon arrivée. Ce que j'avois appris durant la route m'avoit indisposé contre toi : et cependant mon ame s'épanouit pour ainsi dire involontairement en te voyant. . . . Mais toi ! . . . qu'est-ce qui t'agite ? Parle !

CONRARD.

Rien, en vérité, moins que rien. . . . (*Après une petite pose*) Tu parlois tout-à-l'heure de Heıman de Landsberg. . . . le connoissois-tu ?

HENRY.

Je l'ai accompagné dans plus d'une epédition.

CONRARD.

Dis-moi. . . . . dis-moi franchement. . . . que pensois-tu de lui ? Ne me cele rien.

HENRY.

L'Allemagne a aujourd'hui peu de chevaliers qui lui ressemblent. Il étoit grand et bon.

CONRARD.

Réellement, réellement ? il étoit tout cela ?

HENRY.

Conrard. . . . .

CONRARD. (Il cherche à se remettre subitement.)

Tu parois surpris, Henry ! . . . .

HENRY.

Qu'est-ce qui t'est arrivé ? Pourquoi cette agitation extraordinaire ? Un trouble extrême remplace aujourd'hui sur ton visage le calme profond des héros qui y régnoit autrefois. . . Conrard, je crois que tu es malade, ou les dernieres paroles de notre vieil hermite, que je n'oublierai de ma vie, étoient-elles une prophétie sur toi?

CONRARD.

Quelles paroles!

HENRY.

Tu n'as pas oublié le temps, où tous les deux dangereusement blessés, nous fûmes recueillis par un pauvre hermite. Il entreprit notre guérison, et nous encourageoit par ses discours remplis de la plus profonde sagesse. De sa cellule, il examinoit le monde et son vain fracas. Je l'entends encore proférer cet oracle, pour lequel nous le sollicitions depuis long-temps. A travers l'obscurité des sapins, les rayons du soleil couchant sembloient couronner sa tête vénérable d'une espece de gloire; il nous dit alors: « D'autres temps naîtront de ceux où nous sommes. « Le moment approche où les hommes cesseront d'être dévoués à l'infortune. On trouvera « l'art de tirer la lumiere de l'obscurité, la vie « de la corruption. Que les sources de la lumiere et de la vie demeurent donc toujours « cachées! On semera dans le mauvais terrein ce qui pourra y croître; et c'est pourquoi on élevera un jour le sexe le plus foible, « afin d'inspirer de l'énergie au nôtre. Mais malheur à ceux pour qui cet avenir se prépare!.. « Vous avez surpassé, continua-t-il, la plupart « des gens de votre âge; et cependant vous songez à de nouveaux exploits; un pas de plus, « au-lieu d'avancer vous reculerez.... vous « maudirez le moment qui vous a amenés dans « ma cellule!» As-tu fait ce pas, Conrard?...

ô! pleure, pleure, ma patrie! il l'a fait. (*Il tombe entre les bras de Conrard.*)

CONRARD (en se débarrassant de lui.)

Laisse-moi! laisse-moi! Je voudrois me fâcher contre toi, et je ne puis. Le pas que j'ai fait.... Ah! laisse-moi! (*Il se dépêche à sortir.*)

SCENE SEPTIEME.

HENRY DE WESTHAUSEN seul.

Il est parti, ébloui de l'éclat de la vérité... Oh! tu es tombé bien bas... Et de quelle hauteur?... Mais la main de l'amitié est puissante, elle le relevera.... Qu'il la saisisse! qu'il la saisisse seulement!... Il est devenu étranger pour moi. Je ne l'entends plus; il ne m'entend plus. Et cependant..... en est-il seul cause? Ah! il faut que ce nouveau Conrard devienne aussi mon ami, c'est bien le moins que je doive à l'ancien.... Sois tranquille, sois tranquille, Westhausen! tu trouveras ici ce que tu cherches.... de l'occupation. (*Il s'en va.*)

SCENE HUITIEME.

ALBERT DE LINNE, UN LAQUAIS DU CHATEAU.

LE LAQUAIS.

Suivez-moi, monseigneur, il y a toujours ici

ici des appartemens et des lits prêts pour les chevaliers qui passent.

ALBERT.

Tout le pays vante l'hospitalité de votre maître.... Suis-je seul dans le château?

LE LAQUAIS.

Il est arrivé un moment avant vous un chevalier étranger; il a refusé de dire son nom à la porte, mais monseigneur le connoît beaucoup.

ALBERT, (*à part*).

Il est donc là !... Pourriez-vous m'introduire auprès de cet étranger? Je crois le connoître aussi, et je desirerois lui parler.

LE LAQUAIS.

Je vais le chercher. (*Il s'en va*).

SCENE NEUVIEME.

ALBERT DE LINNE, et peu après un MASQUE.

ALBERT seul.

Je le suis comme son ombre !... je ne sais, mais je me sens de la répugnance à l'entretien que je vais avoir avec lui.... Est-ce ton mauvais génie, Henry, qui te livre entre mes mains? Les grands cœurs se perdent si aisément dans cet abyme.

LE MASQUE, (il entre sans faire de bruit, et appelle à une petite distance.)

Albert de Linne!

ALBERT, (en tournant la tête.)

Qui m'appelle?.... La singuliere figure! Comme nous ne sommes pas en carnaval, j'espere que tu te feras reconnoître. Qui es-tu, et que me veux-tu?

LE MASQUE.

(*Il approche et lui prend la main.*)

ALBERT, (faisant un pas en arriere.)

Ah!.... qu'est-ce qu'ordonnent les freres?

LE MASQUE.

Ils demandent si vous vous êtes fidèlement acquitté de votre commission, et quand nous devons nous assembler pour la réception de Henry de Westhausen.

ALBERT.

On est excessivement inquiet à ce sujet. Pourquoi craint-on tant qu'il nous échappe?

LE MASQUE.

Parce que nous ne le tenons pas encore. Si vous n'aviez pas été aussi négligent, il seroit déja des nôtres.

ALBERT.

Pour répondre à cela.... mais qui êtes-vous? Comment avez-vous pénétré jusqu'ici?

LE MASQUE.

Un membre du tribunal secret peut-il fair

une pareille demande? vous avez reconnu mon attouchement; vous savez ce que je suis. Mon nom doit vous être indifférent, ainsi que la maniere dont j'ai été introduit dans ce château.

ALBERT.

Je répondrai au tribunal, mais non à vous; jusqu'à ce que je vous connoisse.

LE MASQUE, (en se découvrant le visage.)

Eh bien!

ALBERT.

Didier d'Arlheim! tu es pour moi le plus épouvantable de nos freres. Toutefois ainsi que je tremble en ce moment devant toi, ainsi tremblera bientôt devant moi Westhausen.

DIDIER.

A la bonne heure, c'est ce qu'il faut. Pourquoi n'avez-vous pas encore saisi votre proie? Cet oiseau est de l'espece des enthousiastes, et ce ne sont pas les plus difficiles à attraper; il faut que vous l'ayez bien mal leurré.

ALBERT.

J'avois peut-être quelque pitié de lui ôter sa liberté; il voloit si bien!

DIDIER.

De lui ôter sa liberté?

ALBERT.

C'est ce que je pense. Attrape-t-on des oiseaux pour autre chose?

DIDIER.

Point de calomnie, chevalier; il en est de notre association comme du reste de l'univers. Quiconque ne veut pas commander doit obéir. Ainsi celui à qui nos institutions ne peuvent pas inspirer le desir de gouverner, étoit assurément destiné de toute éternité à vivre esclave, quand bien même il seroit né sur un trône. Nous ne laissons pas à tout le monde, comme à vous, une liberté illimitée. Vous croyez-vous encore esclave? ..... Si cela est, je ne puis que vous plaindre.

ALBERT.

Il fut un temps où vous me parliez autrement.

DIDIER.

Et alors je ne vous trompois pas davantage qu'aujourd'hui. La vérité est de couleur changeante; elle ressemble au caméléon; on y rencontre les dispositions les plus variées, les plans les plus opposés. Que n'apprenez-vous à troquer la vérité, qui vous étoit autrefois utile, contre celle dont vous avez actuellement besoin? C'est votre faute, si....... mais brisons là-dessus; quelle est votre résolution? Vous chargez-vous de nous amener Westhausen? en ce cas dites-le; autrement j'en fais mon affaire.

ALBERT.

Vous l'avez bien prouvé à mon occasion, combien vous excelliez dans l'art de persuader.

DIDIER.

Peut-être celui-ci en seroit-il plus reconnoissant que vous.

ALBERT.

..... Je m'en charge.

DIDIER.

J'en suis enchanté ; cela m'assure que vous n'avez pas encore abjuré l'ambition, puisque vous refusez de céder à un autre la gloire d'une aussi belle conquête.

ALBERT.

O ! qu'il est dangereux ce filet dans lequel notre ordre enlace ses victimes ! Je ne conçois pas d'où naît le desir ardent que j'éprouve de rendre Westhausen compagnon de ma destinée ? Pourquoi lui tiens-je le même langage que celui que vous me teniez ? Comment puis-je encore trouver du plaisir à me tromper moi-même ? Par quel art magique enfin, le menteur a-t-il le ton de l'inspiration, qui ne convient qu'à la vérité ?

DIDIER.

Vous demandez encore cela, et vous êtes depuis si long-temps avec nous.... Mais j'aime à vous trouver dans ces dispositions. J'espere vous revoir bientôt tenant votre récipiendaire par la main. Si cependant le délai qu'on vous a accordé s'écouloit en vain, songez que ce sera mon tour. Il ne faut pas qu'il nous échappe. Le refus de Henry de Westhausen seroit pour nous une tache ineffaçable. Adieu ! Puisse le génie de l'ordre protéger votre entreprise ! Conduisez-vous bien ; car si je reparoissois, ce seroit une preuve que les freres sont mécontens de vous. Quoi qu'il en soit.... ceci ne sera peut-être pas la derniere affaire que le tribunal secret aura à vuider dans ce château.

ALBERT.

Comment? Que voulez-vous dire?

DIDIER.

L'on vient! Adieu. (*Il s'en va. Albert reste un moment plongé dans la rêverie, Westhausen paroît.*)

SCENE DIXIEME.

ALBERT DE LINNE, HENRY DE WESTHAUSEN.

HENRY.

Ah, chevalier! vous tenez plus que vous ne promettez. Je ne vous attendois pas si-tôt.

ALBERT.

Je desirois vous revoir, et mes affaires n'étoient pas fortes importantes. Soyez-le bienvenu dans le château de Sontheim, mon digne compagnon de voyage? Qu'est-ce qui vous est arrivé depuis que nous nous sommes quittés?

HENRY.

Votre présence renouvelle le mal dont vous avez inutilement cherché à guérir ma tête.

ALBERT.

Je m'en occuperai de nouveau avec grand plaisir.

HENRY

Etes-vous bien sûr de réussir?

ALBERT.

Aussi sûr que je le suis de vous. Je vois déja que ce que je vous ai dit précédemment a produit son effet.

HENRY.

Je le crains presque moi-même.

ALBERT.

Vous le craignez? vous?

HENRY.

Je vous avoue que je suis étrangement agité. Pour la premiere fois de ma vie, je ressens les tourmens de l'irrésolution.... Un poids énorme semble me surcharger, quand je veux aller en avant; et dès que je suis tenté de reculer, un certain je ne sais quoi m'oblige, malgré moi, à poursuivre ma route.... Chevalier, vous m'avez amené jusqu'au bord du précipice, ne m'y laissez pas plus long-temps. Jettez-moi dedans, j'y consens; ou....

ALBERT.

Ou?

HENRY.

Ou remettez-moi dans la même situation dans laquelle vous m'avez trouvé.

ALBERT.

C'est ce que je ne ferois pas pour rien au monde.

HENRY.

Je ne le desire point non plus; mais je ne puis rester davantage dans l'état où je suis.

ALBERT.

Parlez donc plus clairement, si vous souhaitez que je vous serve.

HENRY.

Vous avez raison; venez et écoutez-moi; je vais me recueillir, et vous saurez tout. . . .

ALBERT.

J'écoute.

HENRY.

Je m'abandonne entièrement à vous, Albert; soyez aussi franc avec moi, que je vais l'être à votre égard.... J'ai quelque chose dans le cœur, qui m'a souvent mené à faire des folies. Toutefois je m'en suis peu inquiété jusqu'à présent, parce qu'il me sembloit que, sans cela, je n'eusse pas réussi dans beaucoup de grandes et nobles entreprises que j'avois résolues.

ALBERT.

Continuez! Je vous entends.

HENRY.

Mais actuellement j'ai besoin d'une meilleure caution. Le pas, auquel vous voulez m'engager, n'est rien moins qu'indifférent. Je voudrois le faire en homme de cœur, ou ne pas le tenter. Cette espece de folie, si c'en est une, influeroit sur le reste de ma vie.

ALBERT.

Comment?

HENRY.

Il faut que vous m'écoutiez jusqu'au bout.

Lorsque vous me trouvâtes, j'étois découragé, abattu, cruellement tourmenté par l'idée que mon meilleur ami étoit perdu pour moi. Tous mes projets se trouvoient ainsi dérangés.... Une triste expérience avoit renversé les calculs qui devoient m'assurer de leur succès. La vie me paroissoit aussi sombre, aussi vuide, qu'un bois défeuillé pendant l'hiver. Je me voyois seul, inutile, et comme perdu dans ce vaste univers. Vainement je cherchois autour de moi à faire quelques bonnes actions.... Je vous rencontrai alors, chevalier; vous m'entendez : vos discours m'arracherent de la léthargie mortelle où j'étois plongé. Vous sentîtes la grandeur de ma perte et m'offrîtes un dédommagement. Vous vouliez m'ouvrir une nouvelle et immense carriere. Mon ame entiere voloit sur vos levres, mes sens renaîssoient....

ALBERT.

Je le crois; et un seul jour a changé tout cela? Comment un si beau feu a-t-il duré si peu?

HENRY, (avec chaleur.)

Il brûle encore ici;.... mais.... ma tête montée comme elle l'étoit alors, j'aurois été capable de faire un pacte avec le diable lui-même. Je vous en supplie, mon ami, ne me condamnez point. O! quand un sang bouillant nous pousse violamment à faire une action, ou à prendre un parti, qu'il est difficile d'arrêter dans son vol rapide une ame exaltée, pour la forcer à ne plus agir que d'après le conseil lent et froid de la réflexion.

ALBERT.

Rarement on tient compte de cette peine.

Toutefois votre cœur si chaud, si ardent, ne vous dit-il pas aussi que plus vous tarderez à prendre une résolution, moins vous y aurez de mérite?... Pourquoi, au reste, vous dissimulerois-je, Westhausen, que je suis chargé de la part de mes freres de vous engager à entrer dans notre association? Si je ne vous avois pas estimé autant que je le fais, je ne me serois jamais chargé de cette commission. Aussi n'ai-je pas tenu avec vous la conduite que nous tenons ordinairement avec nos aspirans. Je me suis beaucoup plus ouvert que nos statuts ne le permettent envers les profânes. Nos regles ont été rédigées pour des ames vulgaires, et je ne me suis servi pour vous persuader que de la vérité. J'écartois moi-même ce sombre nuage, dont mes freres aiment tant à s'envelopper.

HENRY.

Pourquoi donc, pourquoi ce nuage? Le soleil bienfaisant n'éclaire-t-il pas du haut des cieux tous les humains? n'enflamme-t-il pas d'émulation l'ame de tous les héros?

ALBERT.

Dans la voûte azurée le soleil n'a rien à craindre; sur la terre, c'est autre chose. Il faut que nous restions impénétrables aux hommes, sans quoi ils viendroient avec des forces irrésistibles, assaillir notre édifice. Ce n'est, qu'en demeurant ignorés, que nous pouvons combattre avec avantage les progrès affreux de la corruption. C'est sur-tout dans l'obscurité que nous découvrons le plus aisément ses traces. Ses pas destructeurs sont légers comme le vent; si une oreille attentive ne veilloit sur elle, elle auroit bientôt parcouru un grand nombre de siecles, et nos descendans n'auroient que de trop justes raisons de se plaindre de la négligence de leurs prédécesseurs.... Je vous ai expliqué le but de notre association; son esprit, vous le voyez, est éternel comme le péché. Je n'ai point voulu vous induire en erreur par les contes qu'on fait au peuple. Le nom de Charlemagne vous en auroit difficilement imposé, et vous vous fussiez bientôt apperçu que jamais ni lui, ni aucun prince, n'avoient pu être les fondateurs de notre société. Les motifs qui nous animent sont les mêmes que les vôtres; si vous croyez marcher plus sûrement avec nous qu'en allant seul, vous n'avez plus de réflexions à faire.

HENRY.

Point d'autre.... point d'autre, que de savoir si, en allant seul, j'irois mieux. Par les illusions dont vous effrayez les hommes, vous leur apprenez la crainte qu'ils vous inspirent. Vous vous servez d'armes dangereuses pour soutenir une bonne cause; et je crains que ces traits empoisonnés ne percent à la fin ceux-mêmes qui en usent. L'assassinat est le signe auquel on vous reconnoît. L'homme d'honneur se présente au contraire au méchant et à l'homme de bien avec un front également assuré. Jamais mes actions n'ont fui la lumiere du jour, et cependant il m'est arrivé plus d'une fois de combattre heureusement contre le vice et le crime.

ALBERT.

Qu'entends-je? Est-ce bien là le langage de ce

dur misanthrope, qui rempli d'une sombre indignation, vouloit encore hier rompre tous les liens qui l'attachoient à ses contemporains dégradés? ce front altier étoit alors abattu; ce bras qui n'a usé que d'armes permises, étoit foible et sans force : comment ce combattant désespéré, qui, lassé d'un travail infructueux, se trouvoit arrêté au milieu de sa carriere, a-t-il pu reprendre subitement autant de courage? il étoit si reconnoissant des consolations que je lui donnois! à présent il n'en a plus besoin.

HENRY.

Albert! Albert! qui vous a appris à pénétrer d'un seul mot jusqu'au fond de mon ame?

ALBERT.

Non! laissez-moi aller porter à l'ordre cette grande nouvelle; le monde, je le vois, est changé depuis hier; votre Conrard est encore une fois ce qu'il étoit auparavant; la vertu, un cœur droit et sincere, sont aujourd'hui des qualités plus communes, tandis que l'intérêt et la lâcheté ont été bannis à jamais de dessus la terre. . . . . Ah ! laissez-moi aller vers les freres : chacun de nous peut actuellement prendre son parti. Nous pouvons nous séparer, car les hommes n'ont plus besoin de notre secours.

HENRY.

Ne plaisantez pas; j'ai long-temps soupçonné en ce moment ce que j'apprends de vous. Long-temps j'ai observé avec le frémissement d'une crainte respectueuse les opérations du tribunal secret. Je regardois cet établissement, comme un supplément à la foiblesse des loix humaines. Tel que l'œil de la divinité, il sembloit planer au-dessus des mortels, et pénétrer jusques dans les plus secrets replis des cœurs. Chez vous on apprend de bonne heure à connoître la vérité, que nous entrevoyons hélas ! si tard. Dédaignant les formes ordinaires de la justice, que les hommes se font un devoir de respecter, vous avez su leur persuader que l'action la plus cachée ne peut se dérober à vos recherches; par-là, vous tenez d'une maniere plus sévere, plus inébranlable, lieu de conscience aux mortels. Le méchant redoute votre présence par-tout, car il ne vous voit nulle part, et il a peur qu'une pensée, qu'il renferme dans son sein, ne le trahisse en arrivant jusqu'à vous. Chaque arbre près duquel passe un parjure, un hypocrite, le fait trembler, parce qu'il peut devenir l'instrument de son supplice; à chaque pas qu'il fait il craint que le ciel ne s'entrouvre, et que la foudre ne l'écrase. C'est ainsi que vous avez voulu enchaîner l'opinion des hommes; vous vouliez être des dieux à leurs yeux; c'étoit votre but, et vous l'avez atteint.

ALBERT.

Nous l'avons atteint, et vous hésiteriez encore? .... Vous êtes des nôtres, Henry; certainement vous êtes des nôtres. Vous l'étiez déja avant que je vous eusse vu.

HENRY.

Un moment, chevalier. . . . . Vous ne devez vos succès qu'à l'enchaînement effrayant de toutes vos opérations. Pour conserver la moindre partie de l'édifice que vous avez élevé, vous répandez le sang des hommes. Plutôt tout détruire que de faire un pas en arriere : c'est la maxime fondamentale de votre ordre. J'avoue qu'elle m'épouvante, car j'aime encore mes semblables, et je ne me borne point à aimer l'espece humaine en générale. Néanmoins. .... je pourrois me résoudre à avoir vécu jusqu'ici inutilement, je pourrois sacrifier ce peu de jours à un avenir plus heureux; mais vous sera-t-il possible de me montrer un talisman qui préserve vos propres cœurs des maladies, et de la contagion, et qui vous éleve à la puissance des esprits célestes dont vous voulez jouer le rôle ici bas... Vous vous taisez... N'avez-vous pas ce talisman? alors votre ligue n'est plus qu'une criminelle imitation de cette chaîne incompréhensible, qui est dans la main de la divine providence; et si actuellement ces loix séveres et inflexibles ne servoient qu'à en imposer au peuple; si les passions, ces trompeuses habiles, se cachoient sous le voile vénérable de la nécessité; si.... Mais êtes-vous au contraire les redoutables emblêmes de la justice éternelle, les respectables défenseurs de la vérité et de la vertu? Ah! je tombe à vos pieds, et je reconnois que le comble de ma gloire est d'avoir été jugé digne d'être reçu parmi vous..... Cependant il y a bien du monde dans votre société, et les membres qui la composent sont des hommes : or, mes genoux ne sont pas habitués à se plier devant mes semblables.

ALBERT.

Aussi ne doivent-ils pas plier devant le grand nombre.... Vous admirez un temple, où la dévotion éleve au ciel le cœur de vos freres, mais les pierres insensibles, dont il est bâti, ne savent rien du dieu qu'elles annoncent. C'est donc à l'architecte qui a élevé cette masse, et non aux pierres, qu'en doit revenir l'honneur ; c'est l'ouvrage de son génie.

HENRY.

Alors.... oui, alors vous n'avez pas besoin de moi. L'édifice est construit, et votre architecte a eu assez de ces pierres insensibles..... Laissez-moi donc aller. Je me perdrois dans votre vaste océan. N'enviez pas à un foible ruisseau le plaisir de parcourir seul son lit : votre établissement subsistera bien sans que je m'en mêle.

ALBERT.

Non, Henry, vous ne m'entendez pas. Afin qu'on ne s'écartât point du but, que se proposoit notre fondateur, il a bien fallu, qu'il songeât à en conserver le souvenir; et c'est dans le sein d'un petit nombre de freres, qu'est recellé l'esprit de notre association dans sa pureté primitive.... désespéreriez-vous d'être admis parmi ces élus ?

HENRY.

C'est beaucoup.... vous avez satisfait mon orgueil. Il ne me reste plus qu'une question à vous faire, mais elle décide tout, et je pouvois par là commencer et finir mon examen. Répondez-moi, chevalier; (*avec feu*) chevalier du tribunal secret, répondez-moi franchement et loyalement.

ALBERT.

Chevalier!....

HENRY.

Vous pouvez et devez me répondre. C'est moins que vous ne m'avez déja appris; d'ailleurs ma question ne regarde que vous.... Vous êtes un de ceux que le tribunal a choisis pour lui confier les secrets de votre institution; on vous a sans doute bientôt séparé de la foule des instrumens aveugles.... Avez-vous donc trouvé vous-même dans votre ordre tout ce que vous y cherchiez.... Exactement tout ?

ALBERT.

.... Oui !

HENRY.

Vous avez été obligé de délibérer avant que de me répondre. Il y a un coin dans votre cœur d'où ce oui n'est pas parti, d'où il seroit au contraire sorti un non très-décidé, si vous ne l'aviez pas empêché de s'ouvrir.... Si j'écoute aujourd'hui vos desirs et les miens, si je me laisse initier dans les secrets de votre sinistre tribunal.... ah, chevalier! malheur à vous et à moi, supposé que je sois jamais obligé de répondre un oui comme celui que vous venez de dire à une demande pareille! je m'estimerois, dès ce moment, le plus infortuné des hommes.

ALBERT, (après un moment de silence.)

Soit. Quelque regret, quelque peine que je ressente à me séparer de vous, vous êtes le maître de vous retirer, il en est encore temps; oubliez seulement tout ce que je vous ai dit. Vous ne trouverez nulle part ce que vous cherchez, si ce n'est peut-être dans votre propre cœur. Les desseins de dieu s'alterent en passant par les

mains

mains des hommes. Il est impossible à de simples mortels de les exécuter avec cette perfection qu'ils avoient, lorsqu'ils ont été conçus par l'éternel moteur des choses.

HENRY, (avec distraction.)

Vous pouvez avoir raison.....

ALBERT, (après que tous les deux sont restés quelque temps dans le silence.)

Comptez-vous partir bientôt, ou restez-vous encore quelque temps ici?

HENRY.

Ah, chevalier! vous ne jouez pas de franc jeu: croyez-vous que notre compte soit déja fini, et que je me tienne pour battu? Connoissez-vous si peu la valeur de vos promesses, que vous puissiez croire avoir effacé de mon souvenir, à l'aide de quelques mots, jusqu'à la moindre trace de ce que nous avons dit?.... Dois-je vous faire ma confession?.... Je veux que vous me réfutiez.

ALBERT.

Je ne vous entends pas, Henry.

HENRY.

A peine je me comprends moi-même.

ALBERT.

Que voulez-vous de moi? Vous pouviez exiger que je vous dise la vérité; je vous l'ai dite. Terminez le reste tout seul, mais ne vous attendez pas que je rassure votre ame incertaine, ou...

HENRY.

La vérité! la vérité! à quoi me sert votre vérité, tant que je ne saurai pas l'usage que j'en puis faire?

ALBERT.

Ecoutez! quel bruit! Nous allons être interrompus, chevalier. Gardons le silence.

HENRY.

Quoi! avant que.... Mais qu'est-ce qui arrive donc? Le bruit augmente..... il s'approche....

SCENE ONZIEME.

LES ACTEURS PRÉCÉDENS, CONRARD, ZOLLER, QUELQUES LAQUAIS.

ALBERT ET HENRY se mettent de côté.

CONRARD, (Il adresse la parole à un Laquais, en arrivant.)

Et où avez-vous trouvé le cadavre?

LE LAQUAIS.

Dans la forêt voisine du château.

CONRARD.

Vous le connoissiez donc?

LE LAQUAIS.

C'est le fils de votre écuyer.

CONRARD.

De mon François? Malheureux vieillard!..... mais on n'a pas entendu parler de voleurs dans les environs.

SCENE DOUZIEME.

LES ACTEURS PRÉCÉDENS, FRANÇOIS, LA FEMME DE FRANÇOIS, UN GRAND NOMBRE DE LAQUAIS.

FRANÇOIS.

JUSTICE ! justice, monseigneur !

LA FEMME.

Mon fils, mon pauvre Georges ! ô dieu !

FRANÇOIS.

Il est assassiné, monseigneur ! assassiné sur vos terres !

LA FEMME.

Justice ! c'étoit le meilleur enfant du monde.

CONRARD.

Soyez tranquilles, calmez quelques instans votre douleur. N'avez-vous pas des soupçons ? ne vous méfiez-vous de personne ?

LA FEMME.

Non ! ô non ! Il étoit si bon, si honnête ; il ne faisoit du mal à qui que ce fût !

FRANÇOIS.

Personne ne peut se plaindre de lui...... non, personne.

PLUSIEURS LAQUAIS ensemble.

Personne !...... personne !

FRANÇOIS.

Vous l'entendez, monseigneur; tout le monde l'aimoit.

LA FEMME.

Hélas ! il est devenu un saint. Il intercédera d'avance dans le ciel pour les péchés de ses pauvres parens.

UN LAQUAIS.

Oui; nous le disions souvent, que ce jeune homme deviendroit un saint.

LA FEMME.

Hélas! mais si-tôt!

ZOLLER, (à Conrard.)

Connoissez-vous, seigneur chevalier, ce jeune homme si pieux? Qui sait si, sous ce manteau de sainteté, il ne se passoit pas....

FRANÇOIS.

Quoi ! qui êtes-vous? (*Un murmure annonce le mécontentement.*)

CONRARD, (en parlant bas à Zoller.)

Prenez garde à vous, monsieur le grand-maître. Vous voyez que vos réflexions ne réussiroient pas ici.

SCENE TREIZIEME.

LES ACTEURS PRÉCÉDENS, UN LAQUAIS.

LE LAQUAIS, (à Conrard.)

MONSEIGNEUR, monseigneur, nous avons trouvé ce poignard près du cadavre.

FRANÇOIS.

Dans son trouble l'assassin l'aura sans doute laissé tomber. O montrez-le moi!

CONRARD, (il considere le poignard.)

Qu'est-ce que cela? Il y a des mots gravés sur la lame......

FRANÇOIS.

Comment?

CONRARD.

« Au..... au nom du tribunal secret. » (*Il jette avec effroi le poignard par terre. Tous sont saisis d'épouvante. Un profond silence.*)

FRANÇOIS, (avec l'accent de la plus vive douleur).

Que dieu nous préserve de crime!...... Il n'étoit pas mon fils!

LA FEMME.

Et il ne sera pas enterré en terre sainte!...... ô réunissez à lui sa malheureuse mere!

ZOLLER, (il prend Conrard par la main.)

Que dieu nous préserve de crime...... dirai-je aussi avec ce bon vieillard!

CONRARD (comme revenant à lui-même).

Ah! que le ciel daigne nous protéger! (*Tous s'en vont en silence, la tête baissée. Albert et Henry, qui, pendant ce temps-là, étoient restés immobiles dans un coin, demeurent seuls et avancent sur la scene.*)

SCENE QUATORZIEME.

ALBERT DE LINNE, HENRY DE WESTHAUSEN.

HENRY, (après un moment de silence, durant lequel il tend la main à Albert.)

FRERE!

ALBERT. (ému par un autre sentiment; avec étonnement).

Frere!

HENRY.

C'est trop! Cette mere désespérée, ce pere abimé sous le poids de l'infortune... et personne n'osoit plus croire le mort-innocent....... Quand me menerez-vous là?

ALBERT.

Aujourd'hui sans faute; attendez-moi : je vais avertir les freres.

HENRY.

Adieu donc! (*Ils sortent par des côtés differens.*)

ACTE SECOND.

SCENE PREMIERE.

CONRARD DE SONTHEIM. seul.

De quel côté me tournerai-je pour m'éviter moi-même?.... Ce jour, ce jour enfin approche de sa fin. Mais à celui-ci il en succédera un autre, puis un autre, puis encore un autre, et chacun d'eux m'apportera toujours de nouvelles terreurs!.... Retiens bien, Conrard, retiens bien qu'aujourd'hui tu as perdu pour jamais le repos. La vengeance a touché ton cœur de sa noire baguette, et tous ses serpens le déchirent impitoyablement.....

SCENE SECONDE.

CONRARD, MATHILDE.

MATHILDE, (elle entre sans être apperçue de Conrard; elle reste un moment en silence devant lui, et le considere.)

Quoi! pas un seul regard pour Mathilde?

CONRARD (avec surprise.)

Ah!

MATHILDE.

Que veut dire ce changement? Depuis quand ma présence t'effraie-t-elle?

CONRARD.

Ton visage est celui d'une créature humaine : voilà pourquoi il m'effraie.

MATHILDE.

Conrard !....

CONRARD.

O Mathilde, Mathilde ! pleure sur ce jour; il a vu naître le ver rongeur qui doit consumer ma vie. Il t'a rendue veuve.

MATHILDE.

Je ne te conçois pas. Tu étois tantôt si tranquille. D'où vient ce mouvement d'humeur et ce découragement extraordinaire ?

CONRARD.

De l'humeur ? non ; tu te trompes. L'humeur naît et meurt dans un instant. Ce que tu as entendu est l'histoire de ma vie future. Aujourd'hui je serai jugé. Je les ai compris ces avertissemens terribles, qu'un dieu vengeur envoie pour tirer de son sommeil le coupable assoupi.... Ah ! il ne dormira plus !

MATHILDE.

Conrard, tu fais un mauvais rêve. Regarde autour de toi ; remets tes esprits. Ton château n'est pas détruit, tes enfans vivent, ta femme....

CONRARD, (les yeux fixés par terre.)

Une femme ! des enfans !....

MATHILDE.

Leve les yeux, mon ami, leve les yeux ; pourquoi les as-tu sans cesse attachés contre terre?

CONRARD, (sans les lever.)

Ne vois-tu pas là? ne vois-tu rien?

MATHILDE.

Quoi? où?

CONRARD.

Un poignard sanglant, ici, ici!

MATHILDE.

Ton esprit est troublé?.... ô dieu!

CONRARD.

A présent..... le vois-tu enfin?

MATHILDE.

Voilà effectivement quelque chose... (*elle ramasse le poignard.*)

CONRARD.

Cela est donc vrai? ce n'est point une illusion de mon imagination? je voyois quelque chose de réel.... Laisse-moi l'empoigner, pour être sûr de ne pas me tromper.... Ah! regarde comme il est ensanglanté.

MATHILDE.

Mais qui donc a apporté ici ce funeste instrument?

CONRARD.

Maintenant je me le rappelle. Le sang qui rougit cette lame couloit autrefois dans les veines d'un coupable dont le crime étoit secret. Les hommes le croyoient un saint, mais la mort étoit suspendue sur sa tête adultere, et il n'a pas échappé à la vengeance...... Que dis-tu de cela?

Prouve-moi actuellement, si tu le peux, que ce n'est pas le doigt de dieu qui se montre en cette occasion.

MATHILDE.

Cher Conrard! parle; découvre-moi tout. De grace ne rejette pas ma priere. Tu n'ignores pas que plus d'une fois, seule j'ai pu te consoler et relever ton ame abattue. Eh bien! me voilà prête à l'entreprendre de nouveau. Je ne suis qu'une femme; prends exemple sur mon courage, puisqu'il en est temps encore. Tu pourrois, hélas, me l'ôter aisément! Tu te tais! O je devine celui qui a réveillé dans ton cœur le souvenir des fantômes ridicules qui t'intimidoient pendant ta jeunesse, afin de t'en effrayer aujourd'hui que tu es devenu homme. C'est l'ouvrage de cette tendre amitié que tu prisois tant.

CONRARD.

Amitié.... Je ne connois point l'amitié; Westhausen m'est insupportable. Je ne puis plus le souffrir. Quand il me fixe avec ses grands yeux, remplis de franchise et de loyauté, il me semble qu'il m'enfonce un poignard dans le sein. Parle donc, et conseille-moi! tu le hais aussi!... qu'allons nous faire? Faut-il l'envoyer à son faux dieu Hermann de Landsberg? Tu m'entends? Doit-il mourir de la main de son frere d'arme, de son hôte?..... Non! tu trembles.....O tu n'en as pas bien agi avec moi! J'espérois que tu m'apprendrois à ne plus craindre de répandre du sang. Cette seule faute m'anéantit; pourquoi n'acheves-tu pas ce que tu as si bien commencé? Un demi-scélérat est un triste personnage.

MATHILDE.

Sontheim!..... ah! mon cœur ne peut plus se faire entendre du tien. Tu fus le prix du crime que j'ai commis; mais je te possédois et j'étois contente. A présent que je t'ai perdu... je desirerois pouvoir succomber sous le poids de ma faute. Toutefois le duc doit-il être témoin de ta foiblesse? l'amitié doit-elle souffrir de ce que tu as cessé de m'aimer.

CONRARD.

Quel mal cela peut-il faire au duc de me voir misérable? Il a une conscience de prince, et ces messieurs ont l'art d'ennoblir leurs crimes.....

MATHILDE.

O Conrard! c'est aussi ce que pouvoit autrefois l'amour!

SCENE TROISIEME.

LES ACTEURS PRÉCÉDENS, ZOLLER.

ZOLLER.

Réjouissez-vous, seigneur chevalier. On apperçoit du haut de la tour une petite troupe de cavaliers qui s'avancent vers le château; c'est vraisemblablement le duc.

CONRARD.

Le duc?

MATHILDE.

Justement dans ce moment?

ZOLLER.

Restez tranquilles; il sera bien aise de vous surprendre... Savez-vous, seigneur chevalier, ce qu'on a découvert au sujet du fils de votre François?

CONRARD.

Eh bien! quel étoit son crime?

ZOLLER.

Il aimoit la femme de son voisin; et par sa piété hypocrite il étoit parvenu à lui inspirer de l'amour. Il n'eut pas de peine à réussir dans son infernal dessein; il avoit trouvé moyen de se défaire du mari, en l'empoisonnant; et il étoit sur le point d'épouser la veuve......

CONRARD, (l'interrompant avec chaleur.)

Grand-maître!

ZOLLER. (froidement.)

Que voulez-vous?

CONRARD.

Que m'importent les fables que vous débitez-là?

ZOLLER.

Les fables?

CONRARD.

Oui, vous avez inventé cela; ne mentez pas. Pourquoi? à quelle fin?

ZOLLER.

Je ne vous comprends pas. Les lettres qui

étoient dans la poche du mort, contiennent les détails que je viens de vous rapporter.

CONRARD.

Et c'est pour cela qu'on lui a enfoncé ce poignard dans le cœur? Ha! ha! ha! (*Il rit d'un rire forcé.*)

ZOLLER.

Vous avez raison, c'est effectivement une sotte chose..... une très-sotte chose, que le tribunal secret. Je me suis souvent étonné comment il pouvoit savoir tout ce qui se passoit.

CONRARD.

Tout? réellement tout?.... ha! ha! ha!

ZOLLER.

Vous êtes aujourd'hui d'une humeur bien extraordinaire et bien sauvage.

CONRARD.

Cela est vrai, et mes motifs ne sont-ils pas fondés? Vous savez qui j'attends. Les princes aiment à voir des gens gais autour d'eux, quoiqu'ils ne s'embarrassent gueres de la maniere dont on le devient; mais un visage triste est à leurs yeux un crime de leze-majesté.

MATHILDE (bas à Conrard.)

Que faites-vous?

CONRARD.

Ne te plais-je pas ainsi?

SCENE QUATRIEME.

LES ACTEURS PRÉCÉDENS, LE DUC.

LE DUC. (Il dit à sa suite avant d'entrer.)

ELOIGNEZ-VOUS..... Ah! je trouve ici réunis mon hôte et mon hôtesse.

CONRARD ET MATHILDE.

Monseigneur....

LE DUC.

Quoi ! serions-nous devenus aussi étrangers l'un pour l'autre?......... Mon cher Conrard, (*en même temps qu'il l'embrasse*) c'est ici votre place.

CONRARD.

Monseigneur!.....

LE DUC.

Que signifie cette réception? Vous semblez fuir mes embrassemens? Dois-je craindre que ma visite vous soit importune?

CONRARD.

Je ne savois pas....

MATHILDE.

Pardonnez-lui. La surprise et les suites d'une maladie.....

LE DUC.

D'une maladie...... Vous faites bien de parler pour votre mari, car il se tait.

CONRARD.

Je suis si pénétré de cette extrême faveur......

LE DUC.

Non, non; je remarque en vous un air sombre et mécontent; mais j'apporte quelque chose qui dissipera ce nuage.

CONRARD.

Certainement?

LE DUC, à Mathilde.

Laissez-moi un moment avec votre malade; je réponds de sa guérison.

MATHILDE.

Un médecin tel que vous guérit par sa seule présence...... Venez, monsieur le grand-maître. (*En s'en allant, elle dit bas à Conrard*) Conrard, sois un homme! (*Elle sort avec Zoller.*)

SCENE CINQUIEME.

CONRARD DE SONTHEIM, LE DUC.

CONRARD.

Vous entreprenez beaucoup, monseigneur.

LE DUC.

Ecoutez mes nouvelles. J'ai vu depuis peu l'empereur. Il est on ne peut pas plus content de vous; dans sa premiere tournée, il viendra de ces côtés-ci; et je suis chargé de vous annoncer qu'il ne passera pas auprès de votre château, sans y entrer. Il vous considere plus qu'aucun autre chevalier de l'Allemagne. Il a de grands desseins sur vous.

CONRARD.

Il faudroit auparavant qu'il me rendît capable d'exécuter ces grands desseins. Peut-il cela? peut-il ressusciter les morts, ou anéantir leur mémoire? peut-il enfin imposer silence au plus importun des bavards?

LE DUC.

Ame foible et pusillanime! c'est cela qui vous tourmente.

CONRARD.

Oui vraiment! c'est cela. La faveur des princes et l'amour des femmes sont les ridicules chimeres qui m'ont séduit; je les ai écoutées pour mon malheur. A présent l'illusion est détruite; et il ne me reste plus qu'un tardif repentir.

LE DUC.

Cet accès ne durera pas; je vous le pardonne.

CONRARD.

Savez-vous donc si je vous pardonne moi-même?

LE DUC.

Quel langage me tenez-vous là, chevalier?

CONRARD.

Le langage d'un malheureux qui n'a plus rien à perdre. Vous ne valez pas mieux que moi; aussi me sens-je du courage avec vous.

LE DUC.

Du courage; c'est mon amitié qui vous l'inspire. Manifestez-le au reste d'une meilleure maniere, en écartant les sombres idées qui vous tourmentent. Redevenez encore une fois digne des hautes destinées qui vous attendent.

CONRARD.

Ah! Mon ambition est anéantie avec toutes mes vertus. Duc Guillaume, vous ne pouvez plus faire ici ni bien ni mal... Approchez, et regardez là-bas : c'est là que repose Landsberg..... De cette tour lugubre et menaçante sort chaque jour un spectre effroyable qui subjugue mon ame toute entiere. De grace, défendez sous peine de la vie qu'on prononce jamais ce nom........ Ici il vivra éternellement.

LE DUC.

Le nom d'un traître!

CONRARD.

Traître envers l'empereur Charles; et qu'étois-je, moi, envers l'empereur Louis? O respectable Landsberg, prie pour ton meurtrier!... Je n'ai plus qu'une grace à vous demander; ce sera la derniere. Oubliez-moi, ne me tourmentez plus. Mes peines ne sont pas de nature à être senties par vous.

LE DUC.

Remettez-vous, Sontheim; votre situation me fait pitié. Vous avez tort de repousser ainsi votre ami.

CONRARD.

Ami! un prince mon ami? non, monseigneur. J'ai vu aujourd'hui le visage d'un ami : c'est un grand malheur pour moi de l'avoir oublié......... Quant à vous, il est impossible que vous soyez jamais l'ami de personne.

LE DUC.

Je suis bien aise que vous me rappelliez cela. J'entends dire que Henry de Westhausen est dans votre château; je connois ce ridicule enthousiaste. Si vous êtes encore capable d'écouter un bon conseil, éloignez-le au plutôt. L'empereur ne l'y verroit pas de bon œil.

CONRARD.

A merveille! Tu es par ma foi le meilleur des deux démons qui me poursuivent. J'avois déja eu une idée à-peu-près semblable; mais Mathilde a frissonné, quand je lui ai laissé pressentir.... Cependant..... pour ne pas vous tenir trop longtemps dans le doute, je vous dirai.......... que ce n'est pas parce que Westhausen est mal vu de l'empereur, qu'il me déplait.

LE DUC.

Vous me comprenez mal. J'ai seulement entendu que vous deviez tâcher de l'engager à sortir paisiblement de votre château, et à s'en aller plus loin.

CONRARD.

Cela est très-vrai... Mais voyez-vous, monseigneur, il n'en fera rien, et ne se retirera pas aussi tranquillement que vous le prétendez. Il est bon que vous sachiez, que Westhausen est une créature d'une espece fort singuliere...... Où auriez-vous appris à en connoître de pareilles?... C'est un homme, un grand homme; il est ce que j'étois autrefois; il est... comment m'y prendrai-je pour vous l'expliquer. Essayons, je trouverai peut-être quelque exemple.

LE DUC, (avec vivacité).

Venez! venez! votre folie devient dangereuse, je ne veux pas rester plus long-temps seul avec vous. (*Il s'en va.*)

CONRARD, (en le suivant.)

Attendez donc, vous ne me comprenez pas encore........

SCENE SIXIEME.

(*Un chemin sombre et étroit pratiqué dans le rocher. Henry et Albert y marchent lentement et en tâtonnant.*)

HENRY DE WESTHAUSEN, ALBERT DE LINNE.

HENRY.

APPROCHONS-NOUS de l'endroit?

ALBERT.

Tout-à-l'heure; suivez-moi.

HENRY, (il s'arrête.)

La justice est obligée de se cacher dans cette caverne de voleurs.

ALBERT.

Par la raison qu'il y a des voleurs qui siegent dans les tribunaux.

HENRY.

Oui.... Cela est étrange! (*Un court silence; il reprend.*) Que dites-vous?

ALBERT.

Je n'ai pas dit un mot.

HENRY.

C'est donc l'écho de ces montagnes qui m'a trompé?

ALBERT.

Ne voulez-vous pas aller plus loin?

HENRY.

Où sommes-nous actuellement?

ALBERT.

C'est ici le vestibule du tribunal secret; droit devant nous........ vous ne pouvez pas l'appercevoir..... il y a une porte de fer, au-delà un escalier.... et ce sera le terme de notre voyage.

HENRY.

Sommes-nous donc si pressés?

ALBERT.

Vous ne paroissez pas tranquille?

HENRY.

Que cela ne vous embarrasse point. L'air est lourd et épais dans cette caverne. J'ai de la peine à y respirer. Mais cela passera...... à moins que ce ne soit l'air de l'ordre qui pese sur mon ame.

ALBERT.

Qu'entendez-vous par-là ?

HENRY.

Rien..... encore une fois, ne prenez pas garde à ce que je dis. (*Un nouveau silence.*)

ALBERT.

Vous me faites peine, Henry; je l'avoue. Votre poitrine paroît oppressée d'un poids énorme; votre regard est sombre et timide...

HENRY.

Vous en étonnez-vous?....... C'est un dernier adieu que je fais à la société humaine. N'abandonné-je pas aujourd'hui ce grand cercle, pour entrer dans le cercle bien plus étroit de votre ordre?.... Ce dernier hommage n'est sans doute pas un crime contre vos statuts?

ALBERT.

Chevalier, chevalier, je pénetre votre ame!

HENRY.

Je le desire; dans ce cas vous devez y lire que je ne reculerai pas. J'ai choisi, j'ai calculé le danger et le prix qui pouvoient m'en revenir. Je ne risquerai pas plus que ma vie.......... Il fut un temps où c'eût été beaucoup; mais ce temps est passé... Cette porte de fer.... elle m'éblouit.... je ne puis la fixer!

ALBERT, (extrêmement ému.)

Henry!

HENRY

Eh bien ?.... vous vous taisez ?.... (*Il lui saisit la main; on entend le son lugubre d'une cloche qui sonne minuit.*) Ah! je vis donc encore, car dans le pays des esprits, le temps ne se compte plus !... Chevalier, qu'avez-vous ? votre main est aussi froide que celle d'un mort...

ALBERT.

Henry !... Ah ! j'abjure ces honteuses chaînes; je ne veux pas les porter plus long-temps. Ecoutez, écoutez la voix de l'amitié.

HENRY.

Que dois-je entendre encore ? Ne suis-je pas décidé ?

ALBERT.

Non : vous ne devez pas l'être; vous ne le pouvez pas; nous sommes seuls. Il n'y a plus un moment à perdre. Je risque tout..... Venez ! venez !......

HENRY.

Et où ?

ALBERT.

Loin d'ici, loin de cette terrible demeure, qui est le tombeau de la vertu... Je vous ai trompé, indignement trompé....

HENRY.

Chevalier !

ALBERT.

Je vous entends, et je mérite de vous être suspect : j'ai déja joué ce rôle avec bien d'autres; je plains les infortunés qui ont succombé aux épouvantables épreuves qu'on leur a imposées; mais je prends dieu à témoin, que, dût-il m'en coûter la vie, je vous dirai dorénavant la vérité.

HENRY.

Et que dois-je faire?

ALBERT.

Vous enfuir! Je ne me lasse pas de vous le répéter; sans quoi vous tomberiez dans l'esclavage avec moi..... Mais non! Vous êtes encore libre. Et qu'il arrive de moi ce qu'il pourra! Quand les tyrans devroient me poignarder entre vos bras, je vous en conjure à genoux; quittez ce lieu, et renoncez à jamais au projet dangereux......

HENRY.

Albert, êtes-vous un homme?... Levez-vous, je vous en prie, levez-vous donc!... Si vous avez mal agi envers moi, en m'amenant jusqu'ici, je vous le pardonne d'avance. Je vous pardonne plus difficilement ce tardif repentir. Quoi qu'il en soit, je ne puis plus reculer. Un pouvoir surnaturel me domine, sans qu'il me soit possible de distinguer si c'est celui d'un bon ou d'un mauvais génie; il ne cesse pas de maîtriser mon ame, et je suis forcé de lui obéir..... Tranquillisez-vous au reste. Une sombre nuit couvre à la vérité nos destinées.... Toutefois.... que ceci diminue vos regrets!.... Jamais on ne pourra me rendre coupable; cette conviction luit à mon cœur dans l'obscur avenir.

ALBERT.

Ah! que je suis petit devant vous!

HENRY.

Non, Albert; vous avez sans doute perdu un précieux avantage : la liberté de penser. Mais je vous aiderai volontiers à la reconquérir. Apprenez seulement alors à la garder si bien, qu'aucune puissance de la terre ne puisse plus vous la ravir....... Paix.

SCENE SEPTIEME.

LES ACTEURS PRÉCÉDENS, UN MASQUE.

LE MASQUE.

HENRY de Westhausen.

HENRY.

Le voici.

LE MASQUE.

On vous attend là-bas. N'êtes-vous pas encore prêt ?

HENRY.

Marchez; nous vous suivons.

ALBERT.

Les freres sont donc rassemblés?

LE MASQUE, (sans regarder Albert.)

Venez, seigneur chevalier.

ALBERT, (en les suivant.)

Cela est singulier. (*Ils s'en vont tous.*)

SCENE HUITIEME.

(*Une grande caverne, au milieu de laquelle pend une lampe sombre et pâle. Dans le milieu de cette caverne est placée une table ronde, couverte d'un tapis rouge. D'un côté on voit une porte à treillis, qui mene à un appartement dont l'intérieur paroît fort éclairé; de l'autre un escalier.*)

L'ARCHEVÊQUE, ZOLLER, DIDIER D'ARLHEIM, DEUX AUTRES CHEVALIERS, (tous sont masqués. Ils sont assis autour de la table, où il y a trois sieges vacans.)

ZOLLER.

Vous l'avez entendu. Quelle sera sa punition?

L'ARCHEVÊQUE.

Sa punition? avez-vous prouvé qu'il en méritoit une?

ZOLLER.

Mais il ne peut pas rester.

L'ARCHEVÊQUE.

Aussi ne restera-t-il pas..... S'il est dans le cas d'être puni; toutefois.... personne de vous n'entreprendra-t-il de l'instruire mieux?

DIDIER.

Son cœur n'est pas assez grand pour notre sublime sagesse; nous lui avons tracé le cercle qu'il devoit parcourir, qu'il expie la faute qu'il a commise en s'en écartant.

L'ARCHEVÊQUE.

Cependant un cœur noble ne devroit pas être trop étroit pour contenir la sagesse de l'ordre; et sa faute même prouve la noblesse du sien.

ZOLLER.

Ecoutez, ils viennent.

SCENE NEUVIEME.

LES ACTEURS PRÉCÉDENS, HENRY DE WESTHAUSEN, mené par LE MASQUE, descend l'escalier; ALBERT DE LINNE les suit; LE MASQUE s'asseoit auprès des autres.

HENRY.

QUOI! pas une face humaine ici?

L'ARCHEVÊQUE.

Approchez-vous, Henry de Westhausen?

ZOLLER, (en l'interrompant.)

Avant tout, mon avis est qu'Albert de Linne quitte le tribunal.

ALBERT.

Comment?

ZOLLER.

Freres, êtes-vous d'un sentiment différent?

DIDIER.

Non, il faut qu'il quitte. (*Les autres se taisent.*)

L'ARCHEVÊQUE.

Albert de Linne, éloignez-vous!

ALBERT.

(*Il reste un moment incertain.*)

ZOLLER.

Ne vous faites pas répéter cet ordre. Sortez, jusqu'à ce que vous entendiez parler de nous.

DIDIER.

Ces rochers retentissent encore des mots sur lesquels vous serez jugé.

ALBERT.

(*Il s'en va doucement, tourne la tête d'un air triste et inquiet, comme pour regarder une derniere fois Henry, et monte enfin l'escalier en se cachant le visage.*)

SCENE DIXIEME.

L'ARCHEVÊQUE, ZOLLER, DIDIER D'ARLHEIM, TROIS CHEVALIERS masqués, HENRY DE WESTHAUSEN.

L'ARCHEVÊQUE.

FRERES du tribunal souterrein, pourquoi avez-vous abandonné la lumiere du jour pour descendre dans l'empire de la nuit? Avez-vous trouvé quelqu'un qui veuille briller dans ces ténebres?

DIDIER et ZOLLER, (se levant.)

Oui.

L'ARCHEVÊQUE.

Etes-vous sa caution? S'est-il dégagé du desir de plaire au monde, ainsi que de cette foule d'êtres foibles, qui se bercent eux-mêmes dans leurs vains projets?

DIDIER.

Oui, il veut devenir un favori de la nuit, afin qu'elle lui découvre ses trésors.

L'ARCHEVÊQUE.

Que son nom terrestre soit donc prononcé aujourd'hui pour la derniere fois dans le sein de la terre; conduisez-le plus près de ce trésor inappréciable.

DIDIER.

Là-haut on le nomme Henry de Westhausen; il a fait jusqu'ici tout ce que pouvoit un mortel, qui n'est éclairé que par la lumiere des insensés.

L'ARCHEVÊQUE.

Ses actions sont bien connues; qu'il apprenne à les oublier... quand même il devroit désormais paroître blâmable aux yeux du monde; avancez et parlez. (*Il se leve et pose la main droite sur la table.*) Périsse, périsse à jamais le menteur!

Tous ensemble, (*se levant et mettant la main droite sur la table*), périsse, périsse à jamais le menteur!

L'ARCHEVÊQUE. (Il s'assoit, les autres en font de même; s'adressant à HENRY, qui est debout devant lui.)

Qui vous a conduit au milieu de ce cercle, que les hommes haïssent et craignent à la fois?

HENRY.

L'espoir de retrouver ce que j'ai perdu. Je ne savois plus pourquoi j'existois; apprenez-moi à le concevoir de nouveau. Tout moyen de vivre m'est ôté.

L'ARCHEVÊQUE.

Et pourquoi comptez-vous le retrouver ici?

HENRY.

Parce que vous seriez des monstres, si le lien, qui doit m'attacher à vous, ne vous unissoit pas étroitement ensemble.

L'ARCHEVÊQUE.

A merveille; mais il faut vous préparer à reconnoître notre association même dans des choses que vous ne comprendrez pas.

HENRY.

Je le puis, aussi long-temps que je conserverai de vous l'opinion que j'en ai aujourd'hui.

L'HARCHEVÊQUE.

Et de quoi dépend cette opinion?

HENRY.

De votre alliance avec moi.

L'ARCHEVÊQUE.

Vous êtes fier; l'avantage au reste, que vous

avez de vous trouver ici, vous y autorise. Pour être admis parmi nous, il falloit penser ainsi; mais dorénavant ne jugez plus notre conduite d'après vos propres sentimens. L'ange qui approche le plus près du trône de l'éternel, découvre aussi peu l'ensemble de ce vaste univers, que le vermisseau caché sous la poussiere. Celui qui tient en sa main puissante l'extrêmité de la chaîne infinie des êtres, le connoît uniquement. —— (*Après une pose durant laquelle il semble attendre la réponse.*) Vous ne paroissez pas content? (*Il lui prend la main qu'il tient jusqu'à la fin.*) Elles sont sublimes, les conceptions de ces instans de sérénité, où le génie, dégagé de ses entraves, a secoué tout ce qui s'opposoit à son essor. Cependant quelque sublimes qu'elles soient, elles ne survivent point au moment qui les voit naître. Leur tissu incorporel se désunit dans l'atmosphere épais au milieu duquel nous respirons sur la terre; ce n'est donc point assez de déplorer le peu de durée de ces sublimes conceptions, ainsi que la misere toujours croissante de la triste humanité, supposons encore que la nature avare de ses dons n'ait point permis que ces étincelles du génie, que ces germes divins fussent confiés au sol où ils pouvoient fructifier, en dépit de ses cruelles loix, on sauroit s'en procurer l'accès. Une seconde fois, à l'exemple des Titans, les mortels renouvellent leurs tentatives audacieuses, et plus heureux que la premiere, ils volent sur les ailes de l'inspiration vers les demeures célestes. (*Il quitte doucement la main de Henry.*) Orgueilleux mortel, le serrement de votre main m'annonce que vous avez compris cette haute pensée.

HENRY, (très-vivement.)

Oui! mon cœur la sent; je vous entends.

L'ARCHEVÊQUE.

Soyez donc prévoyant. La foi et l'espérance vous réconcilieront avec des contradictions apparentes. Il viendra un temps où nous vous les expliquerons nous-mêmes; et lorsque vous serez introduit dans le dernier sanctuaire, tous vos doutes seront éclaircis.

HENRY.

Et vous m'assurez que j'arriverai à ce point.

L'ARCHEVÊQUE.

Beaucoup ont succombé et ne se sont point relevés. Si toutefois quelqu'un peut résister, ce doit être vous. Votre œil fut créé pour être dirigé d'une maniere constante et invariable sur un même but. J'approche de ma fin; mais vous, mon fils, je vous vois encore parcourir en vainqueur cette grande carriere.

HENRY.

Homme, dont j'ignore le nom, mon cœur vous reconnoît à travers le masque qui couvre votre visage. Chaque épreuve à laquelle vous me soumettrez.....

L'ARCHEVÊQUE.

Que seroient des épreuves, que vous reconnoîtriez pour telles? Chaque pas que vous ferez actuellement, sera un essai de vos forces. Recevez cependant cet aveu, qui doit soutenir votre courage; nous avions besoin de vous, parce que nous vous connoissions. Votre vie future sera la seule épreuve à laquelle vous serez soumis; et nous serions nous-mêmes punis, si vous ne la souteniez pas. Préparez-vous donc à des combats glorieux. N'oubliez pas que nos pénibles travaux exigent des sacrifices multipliés: rétablir l'ordre au milieu de la perversité humaine, faire rentrer les hommes dans le chemin de la justice et de la vérité, les éloigner des sentiers tortueux du vice, tel est l'ouvrage pénible que nous avons entrepris. Eleve de la haute sagesse, apprenez à croire et à faire des sacrifices. Une loi de fer..... sous le nom d'union.... nous entraîne continuellement vers un but unique, et le crime parmi nous devient vertu, parce qu'il perd ses qualités malfaisantes. Pleure, jeune homme, pleure pour la derniere fois; tes larmes seront le témoignage des regrets que tu as de ta vie passée. Sur la terre elles t'alloient bien, ici elles ne sont plus convenables. Tu t'en déshabitueras difficilement; toutefois les grands projets, auxquels tu les sacrifieras, enflammeront ton ame. Aucune créature vivante ne pourra affoiblir en toi le desir de faire le bonheur durable de ton espece; tu apprendras enfin à connoître la bienfaisance... qui commande des sacrifices humains.

HENRY.

Mon pere, j'ose vous le dire; en votre présence, les hommes que je vois ne m'effraient point. J'espere que je parviendrai... que je parviendrai, par votre moyen, à me rendre digne de ces hautes destinées. Si je ne le pouvois pas...... !

L'ARCHEVÊQUE

L'ARCHEVÊQUE.

Ici, sur le seuil de la porte, il vous est encore permis de soupirer pour la dernière fois; mais rappellez-vous de quelle foible utilité étoit votre vie, lorsque vous la passiez parmi vos semblables, où elle avoit perdu tout son prix. Méprisez donc la misérable vanité de ces hommes, qui, faisant leur idole des plaisirs impurs de l'existence s'efforcent à en détruire le vrai charme. Ils ont cent fois cherché à mettre des entraves à leurs passions par des loix impuissantes. Ils ont appellé à leur secours la justice, pour empêcher les progrès de la corruption; actuellement qu'ils apprennent à trembler devant des adversaires invisibles, qui vont les forcer hardiment jusqu'à dans leurs derniers retranchemens, quoiqu'il auroit peut-être suffi de se prévaloir de leur seule lâcheté. Un temps au reste viendra, où ils comprendront ce qu'est le tribunal secret, devant lequel ils se courbent aujourd'hui si servilement... et alors notre mission sera finie. Le sang de la génération présente doit couler, afin de préparer à jamais le bonheur des races futures.

HENRY, (avec chaleur.)

A un si noble prix, je consens de verser tout le mien; dès ce moment je me soumets à ce que l'ordre voudra me prescrire.

L'ARCHEVÊQUE.

Soyez donc initié. Freres, il est suffisamment préparé: qu'il fasse le serment. — Les chaînes, que vous allez porter, promettent la liberté à nous et à tout le genre humain.

DIDIER, (en se levant.)

Toi qui es venu ici, pour être admis parmi nous, écoute attentivement les mots qui vont t'être prononcés: pese leur sens et tes forces, car il faut promettre et jurer de tenir fidellement ce que tu vas entendre. Si tu y manques, que la malédiction du tribunal tombe sur toi, qu'elle te déshonore et punisse ton parjure!

HENRY.

Que la malédiction du tribunal tombe sur moi, qu'elle me déshonore et qu'elle punisse ce serment précipité!

ZOLLER, (en se levant.)

Cela est-il bien?

DIDIER, (d'un ton ferme.)

Cela est bien. — (*Après que le grand-maître s'est rassis, Didier dit à Henry en levant la main.*) jure une obéissance inviolable et un silence éternel.

HENRY.

Je jure une obéissance inviolable et un silence éternel.

DIDIER, (toujours la main levée.)

Promets de poursuivre, d'épier les intrigues cachées des hommes, et de punir si la punition t'est confiée.

HENRY.

Je le jure.

DIDIER.

Promets de dénoncer tout attentat que tu verras, dont tu auras entendu parler ou que tu pourras soupçonner, quels que soient les liens qui t'attachent au coupable, fut-ce parenté, reconnoissance ou amitié.

HENRY.

(*Il garde le silence.*)

ZOLLER.

Et ce silence, l'approuvez-vous aussi? (*Il se leve et reprend doucement.*) Quels que soient les liens qui t'attachent au coupable, fut-ce parenté, reconnoissance ou amitié, jure!

HENRY.

Je le jure.

L'ARCHEVÊQUE, (se levant ainsi que tous les autres.)

La moitié de l'initiation est terminée. Qui lui remettra le signe de reconnoissance?

ZOLLER.

Comment s'appelle ce signe? est-ce le poignard, le flambeau, ou le sceptre?

L'ARCHEVÊQUE.

C'est le poignard; levez le tapis.

ZOLLER.

(*Il leve le tapis rouge: chaque chevalier saisit un poignard sur la table.*)

L'ARCHEVÊQUE.

(*Il en présente un à Henry, et lui dit.*) Le tribunal secret l'a consacré. Quand tu t'en serviras, jette un regard vers le ciel, et enfonce-le hardiment dans le sein du pervers. Si nous pouvions sans cet instrument empêcher le crime, nous le ferions. Travaille donc courageusement et avec constance à rapprocher le moment, où nous n'en aurons plus besoin; mais qu'actuellement il soit encore notre signal. Quiconque t'en montrera un pareil, est ton frere, et nous te parlons par sa bouche. Prends cette place, (*Il le fait asseoir près de lui.*) dont ce poignard te rend digne. Le poignard est le flambeau, et le flambeau est le sceptre. Du poignard et du flambeau se forme le sceptre; mais le flambeau est plus que le poignard et le sceptre. Apprends donc à manier le poignard, afin de pouvoir un jour porter le flambeau.... Disparoissez, lumiere funebre. (*La lampe qui est au milieu s'éteint.*) Une nuit obscure est préférable à cette sombre clarté.

(*Un moment de silence, après lequel l'archevêque se leve, les autres en font autant; il prend Henry par la main et lui dit.*) Pour te conduire, cette main tremblante reprendra son antique fermeté. Saisis-la fortement; plus confiante dans la nuit, elle te revele en cet instant ton véritable nom. Vois-tu cette lumiere éclatante, qui fait honte au soleil.

(*Henry accompagne l'archevêque, qui le tient par la main et lui ouvre la porte à treillis par où ils entrent tous deux. Les autres suivent; Didier d'Arlheim reste en arriere avec le grand-maître qui le retient.*)

SCENE ONZIEME.

ZOLLER, DIDIER D'ARLHEIM.

DIDIER.

POURQUOI m'arrêtez-vous? Nous devons les suivre.

ZOLLER.

Un mot! je vous conjure de m'expliquer cette énigme: les sages sont-ils tous dans l'aveuglement, ou suis-je le seul qui ne voye pas ce que vous voyez?

DIDIER.

L'un et l'autre: c'est ainsi que je vous l'explique. Les plus sages sont éblouis, mais vous ne voyez pas ce que je vois.

ZOLLER.

Comment? A quoi peut-il nous servir cet insolent orgueilleux? Et vous aussi vous le recherchez? N'étoit-il pas là, comme si depuis long-temps, il avoit été habitué à nos cérémonies terribles? Il se jouera de nos foudres.

DIDIER.

Nous en aurons plus de gloire, d'avoir forcé un audacieux à plier.

ZOLLER.

Et s'il ne veut pas plier.

DIDIER.

S'il ne veut pas..... il rompra.

ZOLLER.

Quoi! vous comprends-je?

DIDIER.

Je l'espere; et vous deveriez m'avoir compris depuis long-temps. Qu'il ne vous craigne pas encore, je n'en suis pas surpris; mais que vous le craigniez....

ZOLLER.

Non, par notre ordre, je ne le crains pas.

DIDIER, (*d'un ton railleur.*)

Vous faites très-bien de jurer par notre ordre; car si vous n'en étiez pas un des membres, il vous intimideroit peut-être davantage. — Suivons donc : venez; vous vous consolerez de cette terreur, si sa destinée le livre entre vos mains. (*Ils entrent par la porte à treillis, et la toile tombe.*)

ACTE TROISIEME.

(Le théâtre représente le château de Sontheim.)

SCENE PREMIERE.

ADOLPH D'EIMINGEN, HENRY DE WESTHAUSEN.

ADOLPH.

C'EST donc vous? je vous avois déja vu; mais au milieu des combats; et là, vous n'étiez pas assez tranquille pour que le souvenir de vos traits se conservât dans ma mémoire.

HENRY.

Je me rappelle aussi de ce temps, où votre front étoit encore uni. D'où vous sont venus les rides qui l'ombragent aujourd'hui?

ADOLPH.

Elles sont, hélas! le fruit de l'oisiveté, d'une pieuse et laborieuse oisiveté; ce sont des témoins humilians de la folie que j'ai eue de chercher à faire pénitence de mes péchés, en m'abandonnant au plus grand de tous. Je n'ai pas rapporté autre chose de mon voyage dans la terre sainte; et il ne me reste plus qu'à faire pénitence de la pénitence même que je m'étois imposée.

— Pourriez-vous me dire à quelle distance je suis de Landsberg?

HENRY.

Vous pouvez y arriver avant la nuit; mais qu'est-ce qui vous attire là? ce château est désert, inhabité.

ADOLPH.

Inhabité? où seroit donc Herman?

HENRY.

Vous m'étonnez. Quoi! vous ignorez sa mort?

ADOLPH.

Sa mort! Herman est mort! et depuis quand?

HENRY.

Il n'est point revenu.

ADOLPH.

Comment! il s'en seroit encore une fois allé? et cependant il avoit promis de m'attendre.

HENRY.

Ne vous dis-je pas qu'il n'est point revenu? Après avoir été guéri d'une blessure dangereuse, il s'est embarqué pour la Palestine, afin d'aller accomplir un vœu; là, il a péri : il a été assassiné par des voleurs arabes.

ADOLPH.

Chevalier, qui vous a appris cela?

HENRY.

Il n'y a personne, ici qui ne vous rende le même témoignage.

ADOLPH.

Combien y a-t-il qu'on a reçu la nouvelle de sa mort?

HENRY.

L'empereur Louis vivoit encore, et j'ai vu ses yeux se mouiller de larmes, lorsqu'il apprit la triste fin du noble Herman. Les héros de mon temps disparoissent, disoit-il; et où sont ceux qui doivent les remplacer?

ADOLPH.

Il pouvoit bien parler ainsi, lui qui les abandonnoit. Herman au reste existoit alors, et n'avoit rien perdu de son courage héroïque. Je pourrois même vous raconter ce qu'il dit à l'occasion de la mort de Louis.

HENRY.

Adolph, Adolph! que faites-vous? songez qu'il ne convient ni à votre âge, ni à votre réputation, de répandre de pareilles fables.

ADOLPH (avec colere.)

Et il ne vous convient pas, chevalier.....

HENRY.

Pardonnez, pardonnez à mon étonnement. La chose me paroît incompréhensible; quoi! non seulement vous ignorez la mort de Herman, mais, de plus, vous assurez qu'il vivoit, lorsque Louis mourut.

ADOLPH.

J'en suis certain. Nous voyagions ensemble dans les saints lieux. Un pélerin se réunit à nous; vous l'avez également connu; c'étoit Adelberg de Guethingen. Nous apprîmes par lui, que Louis n'étoit plus, ainsi que la situation de l'Allemagne, à cette funeste époque. L'empire, disoit Herman, a actuellement, plus que jamais, besoin de grands hommes. Venez, allons rassembler nos freres d'armes. Henry de Wetshausen vit encore; j'ai été témoin des actions glorieuses de Sontheim; la renommée le place à côté de son ami. En nous joignant à ces deux vaillans chevaliers, le froid et imbécille Charles n'en sera pas où il croit être. — Nous reprîmes ensemble le chemin de notre patrie; mais hélas! ce que nous sûmes en arrivant, nous ôta toute espérance. Herman résolut donc d'attendre un moment où la grandeur ne fut plus un jouet d'enfans, et où la ruse ne put plus faire passer sur la tête des lâches et des foibles, une couronne uniquement destinée aux héros. C'est alors qu'il se sépara de moi; et ce que je viens de vous rapporter, sont les dernieres paroles qu'il me dit en me quittant, à une petite distance de son château. Il n'y a pas encore trois ans pleinement révolus.....

HENRY.

Il n'y a pas trois ans..... et c'est positivement à cette époque que.... mais continuez.

ADOLPH.

Je me rendis en Franconie. J'en suis revenu, pour dégager ma parole, et savoir quelle détermination le temps a fait prendre à Herman. Cependant vous m'attestez qu'il est mort; qu'il n'est pas même rentré chez lui. Ah! je ne puis le croire; cettainement vous avez été trompé par un faux rapport.

HENRY.

Non, non, vous dis-je!

ADOLPH.

L'époque à laquelle vous fixez sa mort en prouve la fausseté; car je vous donne ma parole de chevalier, que peu de temps après celle de Louis, il vivoit encore........ vous vous taisez; vous semblez réfléchir. Où peut-il être? Landsberg, dites-vous, est désert, inhabité?.... Mais la femme de Herman, la belle Mathilde, dont la réputation s'étendoit au loin....

HENRY.

Elle est..... je ne sais pas autre chose, que ce que je vous ai dit. La résurrection de ce mort, je vous l'avoue, chevalier, m'étonne... Cependant il faudra bien que la chose s'éclaircisse. Remettez-vous-en à moi de ce soin; et, si vous faites quelque cas de mes sollicitations, gardez le silence sur cette affaire, jusqu'à ce que je vous aie encore une fois parlé. Cette priere vous paroîtra peut-être suspecte; mais je suis de bonne foi et j'agis franchement.

ADOLPH.

Pourquoi suspecte? vous ne m'avez d'ailleurs pas convaincu. Est-il extraordinaire que des amis et des parens soient induits en erreur par de fausses nouvelles, venues de loin? Herman vit certainement. N'est-il pas retourné à Landsberg?

HENRY.

Il n'y a jamais reparu.

ADOLPH.

Que dites-vous? nous nous sommes séparés sur une hauteur, d'où nous appercevions son château à nos pieds, et il ne s'y seroit point rendu? Cela est fort étrange; cela paroit très-suspect: vous avez raison.

HENRY.

Ah! chevalier, je vous en conjure, laissez-moi découvrir seul la trame de cette ténébreuse aventure.

ADOLPH.

De cette aventure? de cette aventure....

HENRY.

Par intérêt pour ce que vous desirez apprendre, n'en parlez pas.

ADOLPH.

Chevalier, chevalier, je soupçonne ici une scélératesse; mais je ne puis pas en deviner l'auteur.

HENRY, (précipitamment.)

Je réponds de lui.

ADOLPH.

De qui?

HENRY.

De qui que ce soit, je débrouillerai ce cahos. Laissez-moi en ce moment. Si j'ai quelque chose de nouveau à vous communiquer, vous me reverrez. Tranquillisez-vous jusques-là, et ne vous ouvrez à personne...... Retirez-vous, je vous en supplie.

ADOLPH. (Il le regarde fixément.)

Je vous laisse........ Non! (*En lui serrant la main.*) vous êtes une noble créature. (*Il s'en va.*)

SCENE SECONDE.

HENRY DE WESTHAUSEN seul. (Il les suit des yeux).

Et moi aussi, je vous ai constamment reconnu pour telle.... Il est impossible que cela soit autrement, cet homme n'a point menti..... et, s'il a dit la vérité....... Ah! que dois-je penser?........ Pourquoi frissonnai-je ainsi, ... avant d'avoir pénétré ce mystere?...... O! non, non, non, cela ne se peut pas....

SCENE TROISIEME.

CONRARD DE SONTHEIM, HENRY DE WESTHAUSEN.

HENRY.

Il vient. Son air anéantit mes espérances. Irrésolu, abattu..... le crime semble peser sur lui.

CONRARD.

Quoi! tu es seul! Comment se fait-il, Henry, que nous nous voyons aussi peu? il me semble cependant que nous deverions avoir beaucoup de choses à nous dire.

HENRY.

Je te croyois occupé; le duc n'est-il pas toujours ici?

CONRARD.

L'ami passe avant lui. T'ai-je offensé en quelque chose? Je n'étois pas entièrement à moi-même, lorsque nous nous sommes vus la derniere fois.

HENRY.

Nous avons donc changé de rôles; tu es actuellement gai et content.... (*Conrard baisse timidement les yeux; Henry, qui le regarde, cesse de parler. Une petite pause.*) Et moi...... je vois s'élever devant mes yeux des fantômes funebres, toujours plus hideux..... J'apperçois aussi à la vérité des tableaux rians, qui retracent le souvenir des beaux temps passés; mais ils sont altérés par de noires ombres, survenues depuis...... Regarde, les choses sont telles que je te les dépeins. Il me paroît qu'elles te frappent, car mes paroles font couler tes larmes.

CONRARD. (Il penche sa tête sur l'épaule de Henry.)

Tu es bien cruel. Ah! si tu savois à quel excès tu l'es....... ta sévere vertu deviendroit peut-être plus indulgente.

HENRY, (profondément ému, laisse tomber les yeux sur lui, et le serre dans ses bras.)

Cher.... coupable! oui, c'étoit un beau temps, que celui où l'amour des grandes choses nous avoit si étroitement unis; où Louis, la vertu et nous, ne faisions qu'un; où, à la fin de chaque jour, nous nous trouvions toujours d'un degré plus près de la perfection; où nous étions animés par l'ardent desir d'obtenir plutôt tous les prix de la gloire, que ceux de la fortune; où....... ô Conrard, Conrard!.... où nous étions innocens.

CONRARD.

Nous! ame pure et céleste, fais-moi donc connoître ton crime, afin que je puisse de nouveau lever les yeux devant toi.

HENRY.

Cela est-il donc vrai, réellement vrai?.......... Ah! encore un de ses regards assurés et tranquilles d'autrefois, encore en ce moment, à présent, un de ces regards! et loin de toi cet épouvantable découragement, que je lis dans tes yeux mornes et timides!

CONRARD.

Ce qui est arrivé ne peut plus ne pas être. Quoi qu'il en soit ne t'est-il pas possible de deviner si j'ai pu.....

HENRY, (extrêmement agité.)

Continue, continue; il faut que j'en sache davantage.... pour ton propre intérêt, afin de te faire éviter les dangers qui te menacent; si........ si cela est vrai.... qu'as-tu......

CONRARD.

Malheureux, tu te tais! ce que tu veux me demander est donc bien terrible, puisque ta bouche se refuse à le dire.

HENRY. (Il saisit la main de Conrard, l'éleve en l'air avec violence, puis la laisse retomber avec fureur.)

O honte éternelle! ta noble fierté s'est évanouie. Sans doute ta conscience te reproche une lâcheté : venons au fait........ (*d'une voix tremblante, quoiqu'avec précipitation.*) Qu'as-tu fait de Herman?

CONRARD.

(*Il se recule avec effroi, jette un cri, et cache son visage*).

HENRY.

(*Il reste pendant quelque temps comme anéanti. Il lui serre enfin légèrement la main, et veut s'en aller*).

CONRARD, (en tressaillant.)

Où vas-tu? (*Il le regarde fixément.*) Au nom de dieu, ne m'abandonne pas!

HENRY.

Il le faut. Tu as été mon ami. Je vais voir s'il est possible de détourner de toi l'orage qui gronde sur ta tête...... adieu.

CONRARD.

Henry, si tu me quittes en ce moment, que ton bon génie t'abandonne à jamais! Reste. Non, tu ne peux pas te séparer de moi; je le sens, tu ne le peux pas. Mes nerfs sont devenus d'acier.

Céleste

Céleste inspiration! ah! j'ai subitement retrouvé tout mon courage.

HENRY.

Qu'exiges-tu, furieux?

CONRARD.

Cruel! peux-tu croire que les transports qui m'agitent, soient l'effet de la fureur? Tu m'as réveillé d'une maniere bien terrible; je rêvois que j'étois un grand homme.

HENRY, (froidement.)

Qu'exiges-tu de moi?

CONRARD.

Je t'entends; ton ton, ton air....... je sais ce qu'ils veulent dire. Tu es perdu pour moi; mais tu ne partiras pas, avant de savoir tout, avant que mon cœur ne se soit déchargé du poids insupportable qui l'oppresse.

HENRY.

Tu as assassiné Herman..... ai-je besoin d'en savoir davantage?

CONRARD, (avec quelque fierté.)

Ah! j'en jure par ce que je fus autrefois! Je ne souffrirai pas que tu te réjouisses de me voir humilié. Ecoute comme je suis tombé si bas, et apprends à trembler pour ta propre vertu.

HENRY.

Parle!

CONRARD.

.... J'avois trouvé dans les environs, Mathilde de Landsberg. Auprès de ces honnêtes et tranquilles épouses de chevaliers, dont la meilleure qualité est de ne jamais troubler le repos de leurs maris, n'as-tu jamais éprouvé ce secret et infernal pouvoir attaché aux charmes d'une femme, qui enchaîne d'une maniere irrésistible toutes les facultés de l'homme? Si tu ne l'as pas éprouvé, respecte ce que tu ne connois pas: c'est ce qu'exige de toi un ami, dont la réputation égala autrefois la tienne. Le poison avoit pénétré mon ame; je n'écoutai plus la voix de l'honneur. Le récit de tes grandes actions frappa inutilement mon oreille; que m'importoient et Louis, et les princes, et les chevaliers!

HENRY.

Ah! je reconnois bien là l'empire des femmes.

CONRARD.

Mathilde étoit veuve; du moins des témoins oculaires attestoient avoir vu mourir Herman dans la Palestine. On fit les préparatifs des nôces. En peu de jours, la veuve de Herman devoit me donner la main; elle avoit déja quitté Landsberg. Dans le tumulte de la joie, nous reçûmes l'effroyable nouvelle que Herman vivoit encore, et qu'il étoit arrivé inconnu, et sous l'habit d'un pélerin à Landsberg. Un page, auquel il s'étoit découvert, vint nous en instruire.... La cérémonie du mariage n'étoit propre qu'à manifester aux yeux du monde, les liens qui nous unissoient. Depuis long-temps ils avoient été resserrés par les nœuds les plus forts. La violente passion que nous éprouvions l'un pour l'autre, ne nous avoit pas permis d'attendre la bénédiction nuptiale, pour nous y livrer......... Mathilde revint la premiere de son étonnement. Tu as du courage, me dit-elle avec tendresse, et tu hésites sur ce qui te reste à faire, pour me posséder, pour me délivrer d'un opprobre éternel! Je frémis, je combattis........ Mais l'amour se crée une vertu à sa maniere, et cette vertu ne me laissoit point appercevoir le crime, lorsqu'il étoit question de sauver l'honneur d'une femme qui m'avoit tout sacrifié. Je te jure, Henry, qu'en ce moment encore, je ne comprends pas comment j'aurois pu l'abandonner, sans secours, à la honte et au désespoir..... Le page retourna, chargé d'un ordre sanguinaire..... et la veuve de Herman me donna la main en face des autels...... (*une pause.*)

HENRY, (froidement.)

Et actuellement le chevalier Adolph d'Eimingen, qui a accompagné Herman à son retour de la terre sainte, est dans ton château. Tu dois sentir à quels périls t'exposeront ses questions inquietes. Que résous-tu? Il n'a encore parlé qu'à moi. Il faut que seul, je me charge de le tranquilliser, de l'éloigner. Mais j'y réfléchis en vain; parle, indique-moi toi-même des moyens.... Tu te tais? tu me regardes? il y va de ta sûreté, de ta vie.....

CONRARD.

Henry..... tu te moques de moi.

HENRY.

Non, je te jure. J'attends que tu me fasses

part de tes projets, et je cours les exécuter. Nous sommes freres d'armes; tu m'as sauvé la vie..... peux-tu encore douter que je sois résolu de tout employer, pour empêcher ce funeste événement de se découvrir? Je ne suppose pas que tu exiges rien de contraire à l'honneur.

CONRARD.

Voilà donc où nous en sommes à présent; je te comprends. Tu ne m'aimes plus; tu me méprises; et tu veux me sauver?..... Eh bien! plus j'ai besoin de toi......, plus je rejette loin de moi ton secours.

HENRY.

Que dis-tu?

CONRARD.

Henry, il n'y a qu'un instant que je desirois la mort, la mort qui est due à un coupable. Je souhaitois d'être anéanti, pour échapper au spectre de Herman, qui me poursuit sans cesse. En ce moment mon ame a repris son énergie: elle entrevoit un plus noble but. Je me sens assez fort pour vivre; le spectre de Herman a disparu de devant mes yeux. Cet esprit bienfaisant épargne ce qui me reste de forces, afin de me procurer les moyens de me réconcilier avec lui. Henry, tu l'ignores: ce changement subit est ton ouvrage. Echauffé par ta généreuse amitié, mon ame a recouvert sa vertu. Si tu l'abandonnes, elle retombera encore une fois dans l'abyme. Cependant, au prix que tu y mets, je ne puis accepter ton secours. Le seul devoir ne peut pas faire renaître et entretenir cette chaleur vivifiante. Ton cœur auroit été nécessaire pour cela. Si je l'ai perdu, va-t-en; pars, et laisse éteindre à jamais le beau feu que tu viens de rallumer. Il ne durera pas long-temps; mes facultés seront bientôt replongées dans une sombre obscurité...... Non, je n'évite point ton regard perçant; je parle sérieusement et de bonne foi.

HENRY.

Tes paroles retentissent de nouveau jusqu'au fond de mon cœur. Conrard, pardonne. Ta main ; ton ame est sauvée. Laisse-moi cette main ; nous renouvellons notre union, et je ne te quitte plus. Réconcilie-toi avec ton noble ennemi, puis meurs! les héros qui n'ont jamais succombé, déposeront leurs lauriers à tes pieds; ils envieront ton crime.

SCENE QUATRIEME.

LES ACTEURS PRÉCÉDENS, MATHILDE.

HENRY. (Il recule en appercevant Mathilde.)

AH ! tout est perdu.

CONRARD.

Non, Henry. As-tu donc cru que je voulois l'abandonner? C'est bien alors qu'il ne me seroit resté aucun droit au pardon, car elle n'auroit pas mérité ce que j'ai fait pour elle.

MATHILDE.

Qu'est-il arrivé depuis que je t'ai quitté, Conrard? J'apperçois quelque chose d'extraordinaire dans tes yeux; jamais je ne les ai vus aussi brillans, aussi séreins; et cependant je suis encore étrangere à ta joie.

HENRY.

Conrard, nous nous reverrons. (*Il veut s'en aller.*)

CONRARD.

Henry, je t'en conjure au nom des liens sacrés que nous venons de renouveller, demeure; car, sans elle, je les romprai encore.

MATHILDE.

Cela est-il possible? Cet homme de fer auroit fait ce dont je désespérois. Chevalier, votre main. L'amour se soumet à l'amitié....... Mais il se détourne; il ne veut ni m'écouter, ni me voir; le sauvage! il dédaigne mes remerciemens.

HENRY, (sans aigreur.)

C'est parce que je me sens incapable de les mériter........ Je n'ai pas songé à l'amour, en renouvellant notre union. Je desire qu'il te rende plus heureux que tu ne l'as été jusqu'à présent.

MATHILDE.

Chevalier....... je le vois; vous savez tout. Un abyme immense nous sépare, et cependant...... en ce moment, un certain je ne sais quoi me force à essayer de me rapprocher de vous. Quand je vous considere l'un et l'autre.... J'en conviens, j'éprouve aujourd'hui, pour la premiere fois, un étrange et infernal pressentiment sur...... sur ce qui constitue la véritable grandeur de l'homme.

HENRY.

Pour la premiere fois! ô Conrard! tu étois tombé aussi bas.

MATHILDE.

N'oubliez pas que, jusqu'à cette heure, vous n'aviez point encore vu à découvert le cœur d'une femme. Votre ami étoit heureux par l'amour; il a fallu l'arracher de son cœur, pour que le repentir pût y trouver place.

HENRY.

De son ame seulement, pour être moins coupable.

MATHILDE.

Dois-je me glorifier des tableaux sanglans qui éloignoient si souvent de mes yeux le sommeil paisible? ce ver rongeur flétrit, avant le temps, les roses de mon teint; mais j'étois femme et mere; l'amour étoit la puissance protectrice qui détournoit de moi le triste sort dont me menaçoient mes réflexions sur le passé, le présent et l'avenir. Cette trompeuse passion fit naître de nouvelles roses, que n'a pas détruites l'amertume du repentir, et qui survivent même au malheur de ne plus être aimée.

CONRARD.

Henry, ton regard fixe m'en assure; tu n'as

plus si mauvaise opinion de cette femme.

MATHILDE.

Vous, chevalier, vous avez rappellé dans le cœur de Conrard, des sentimens qui étoient étouffés sous le chagrin cuisant des remords; c'est donc à vous que j'en aurai l'obligation, si......

CONRARD.

Tu te tais?.... parle Mathilde; l'agitation dans laquelle je te vois....... ce n'est point de la douleur, cette agitation.

HENRY, (avec un intérêt, qui, depuis ces dernieres paroles, est considérablement augmenté.)

Non, ce n'est point de la douleur; je vois une pensée naître dans son ame. Parlez, parlez, madame!

MATHILDE.

Tu ne l'ignores pas, Conrard; des forces souvent inutiles sont quelquefois le partage de beaucoup de héros. J'ai su, sans égard à ma foiblesse, supporter des fardeaux à l'aspect desquels leur courage les abandonnoit. Je t'ai enfin obligé à honorer mon sexe; et actuellement....... si tu veux devenir mon guide, pour m'élever aux sublimes vertus que j'ai aujourd'hui appris à connoître; alors..... (*se retournant avec graces vers Henry.*) alors, chevalier, j'espere que vous consentirez à recevoir mes remerciemens.

HENRY.

Pardonne, mon ami! j'avoue que je t'ai fait tort.

CONRARD.

Mathilde, Mathilde, réjouis toi de cette victoire! aucun homme n'a encore vaincu plus glorieusement.

HENRY.

Je vous en supplie, ne mesurez pas en ce moment mon ame d'après mes paroles; je ne trouve point d'expressions qui vous conviennent; et, si je dois l'avouer, je.... je ne vous comprends pas encore.

MATHILDE, (en souriant.)

Henry, l'ame des femmes échappe, quand on veut la saisir : il vous sera plus facile de la sentir. Si vous sentez la mienne, comme il paroît.... alors, j'ai sans doute remporté la victoire.

CONRARD.

Et, par ta victoire, je suis assuré de lui. En marchant sur vos pas..... je ne crains plus d'épines dans le chemin que je vais suivre. (*avec beaucoup d'émotion.*) Henry !...... tu n'as pas encore vu, mon fils Kurd. (*Ils s'en vont.*)

SCENE CINQUIEME.

ZOLLER, ADOLPH D'EIMINGEN.

(*Ils entrent en parlant.*)

ZOLLER.

Ce que vous racontez est bien extraordinaire. Mais vous aviez déja connu auparavant ce chevalier en Allemagne; vous n'avez sans doute pas eu à faire à un imposteur.

ADOLPH.

Depuis la bataille de Muhldorff, Herman et moi ne nous étions presque pas quittés; ainsi la supposition est impossible.

ZOLLER.

Je me souviens confusément de l'avoir vu...... Toutefois........ vous me rappellez une circonstance...... positivement le jour où Conrard de Sontheim s'est marié avec la veuve.... la prétendue veuve de votre ami......

ADOLPH.

Et ce mariage, que j'apprends de vous; l'époque de cette union; voilà d'obscures énigmes!

ZOLLER.

Vous avez raison : c'étoit à-peu-près dans ce temps-là..... J'assistai aux fêtes que le duc voulût donner aux deux époux à Landsberg même.... oui, à-peu-près dans ce temps-là..... Admirez comme certaines circonstances, qui semblent oubliées, restent cependant imprimées dans la mémoire, et s'y retrouvent au moment où l'on en a besoin.

ADOLPH.

Eh bien!

ZOLLER.

Comme je vous disois, je remarquai alors un pauvre pélerin, qui cherchoit, dans le château, à obtenir un morceau de pain, en racontant aux laquais et aux pages les dangers qu'il avoit courus, et en leur chantant des cantiques. Cet homme aux cheveux blancs, me rendit attentif; son visage ne m'étoit pas inconnu; il y avoit même en lui quelque chose de noble, qui contrastoit étrangement avec son état et son habillement.... il avoit deux cicatrices, qui se croisoient, sur un œil......

ADOLPH.

Sur son œil droit, n'est-il pas vrai? c'étoit Herman. Et il étoit estropié du bras gauche?

ZOLLER.

Positivement. J'acostai ce pélerin; je voulois le servir, en le faisant chanter devant les convives. Ses réponses, lorsque je l'interrogeai, me parurent extraordinaires et mystérieuses. Je me rappelle parfaitement de ce mot, qu'il me dit d'un air fort soucieux : «que son chant pourroit ressembler au cri de la corneille, dans une nôce étrangere.» Le jour suivant, on ne le revit plus au château, et personne ne savoit quand il étoit parti, ni quel chemin il avoit pris. Plusieurs circonstances se réunirent, pour me rendre cette disparition suspecte......... Mais le défaut d'éclaircissemens suffisans, éloigna depuis de mon esprit, des soupçons incertains; d'autres particularités me sont en partie échappées, et je ne puis plus à présent vous donner des détails aussi clairs que dans le temps......

ADOLPH.

O rien n'est plus clair! ce pélerin étoit Herman; on ne le vit plus........ on ne le vit plus au château! grand-maître, vous en savez sûrement davantage; votre mémoire n'a pas été aussi infidelle; les gens qui vous entouroient n'étoient pas si purs, qu'il n'y en eût parmi eux, auxquels, dans le fond de votre cœur, vous ayez été tenté d'attribuer cette action.

ZOLLER.

Pouvois-je alors la présumer avec quelques vraisemblances? Sans doute, si j'avois su ce que vous venez de me dire, j'aurois mieux observé.... Mais vous, qu'osez-vous entreprendre? Comment espérer de découvrir aujourd'hui ce mystere?

ADOLPH.

Le puis-je?... le dois-je?... Monsieur le grand-maître, cette affaire ne me semble pas de la compétence d'un chevalier; je vous avoue qu'elle m'épouvante. Ce seroit sans doute un devoir de l'amitié ; toutefois, je ne crois pas être destiné à la mettre au jour. Une voix intérieure me conseille de ne pas m'en mêler...... N'avez-vous pas d'ailleurs votre tribunal secret? c'est un crime qui le regarde beaucoup plus que moi, et qui ne peut point échapper à la surveillance de ces sages juges inconnus, si ce qu'on raconte d'eux n'est pas un tissu de mensonges.

ZOLLER.

Mensonge et vérité, l'un parmi l'autre, comme cela va ordinairement; des hommes ne peuvent pas tout savoir. (*Avec une sorte d'importance, mystérieuse.*) Quoi qu'il en soit la véritable constitution de ce tribunal demeurera à jamais une énigme pour le peuple.

ADOLPH.

Que les choses tournent comme elles voudront, pour moi, je reprends le chemin de mon logis; s'il s'en découvre davantage, le bruit en viendra peut-être jusqu'à moi. Il y a au reste un homme ici à qui j'en ai assez appris, pour suivre la trace de cette affaire. Et la vie entiere de cet homme a été consacrée à punir les forfaits. Qui pourroit mieux que Henry de Westhausen?.....

ZOLLER.

C'est de Westhausen dont vous parlez?........ Vous avez grandement raison. Je ne suis plus surpris que vous ne vouliez pas vous en mêler davantage..... Il sait donc tout?

ADOLPH.

Je ne lui ai rien laissé ignorer.

ZOLLER.

Il doit avoir été étonné........ bien étonné. Quelle contenance faisoit-il, quand il a entendu cela?

ADOLPH.

A vous dire vrai, une contenance extraordinaire....... assez extraordinaire, pour me le rendre un instant suspect. Mais j'ai bientôt eu honte d'avoir pu méconnoître l'effet que produit dans une grande ame, le récit d'un crime de la nature de celui-ci. Non, Westhausen est le modele des chevaliers allemands. Il finira cette affaire; il combattra même, s'il est nécessaire, pour cela.... Je me retire, afin que personne ne me voye ici.

J'y respire aussi péniblement, que si l'air étoit empesté. O M. le grand-maître! avant mon voyage dans la terre sainte, j'aurois entrepris courageusement cette aventure. Je ne connoissois point alors le sentiment qui me repousse de ce château....... Adieu. Mon cheval m'attend dans la cour, je vais le joindre. (*Il sort.*)

ZOLLER.

Bon voyage, M. le chevalier. (*seul*) Bien..... très-bien. Je t'entends actuellement, Didier. La destinée de cet homme est entre mes mains...... et la gloire de l'ordre.

SCENE SIXIEME.

ZOLLER, HENRY DE WESTHAUSEN.

(*Henry passe rapidement auprès de Zoller; celui-ci l'arrête.*)

ZOLLER.

Ou allez-vous, M. le chevalier? où allez-vous si vîte?

HENRY.

C'est vous, M. le grand-maître; je ne vous avois pas d'abord reconnu; pardon...... (*Il veut continuer son chemin.*)

ZOLLER.

Cherchez-vous M. de Sontheim? je soupçonne qu'il est auprès du duc.

HENRY.

Non, je viens de le quitter. (*Il veut toujours s'en aller.*)

ZOLLER.

Je suis peut-être indiscret, en vous arrêtant; mais vous devez me le pardonner. Il est si flatteur de rencontrer un homme comme vous; et quand vous voulez bien vous abaisser jusqu'à nous.... Sans doute, les seigneurs chevaliers nous dédaignent, nous autres, qui avons blanchi au service des cours.

HENRY.

Point du tout; j'honore les services que chacun rend dans son état. Vous voyez au reste que je suis pressé; une autre fois, je renouvellerai plus amplement notre ancienne connoissance.

ZOLLER.

A la bonne heure; je ne veux pas en ce moment vous arrêter davantage. Ce sera donc pour une autrefois; j'en reçois votre parole. Il n'y a pas long-temps que je parlois de vous avec le chevalier Adolph d'Eimingen, qui.....

HENRY.

Adolph! Adolph! vous lui avez parlé?......... cela se peut. Savez-vous où il est? c'est lui que je cherche.

ZOLLER.

C'est un nouveau motif pour vous de m'accorder un instant d'entretien, car Adolph n'est plus ici.

HENRY.

Plus ici! depuis quand? où est-il allé?

ZOLLER.

Je l'ignore; mais il est parti. Il n'y a qu'un moment qu'il a pris congé de moi.

HENRY.

Et il m'a évité? cela est singulier. J'en suis fâché. J'aurois desiré lui parler encore.

ZOLLER.

Je vous dirai en confidence, M. le chevalier, et à condition que vous ne me trahirez pas....

HENRY, (à part.)

Comment! auroit il.... (*haut*) Qu'avez-vous à me dire?

ZOLLER.

Que cet honnête chevalier ne paroissoit pas content de sa visite; qu'en conséquence il a dévancé son départ.

HENRY.

De quoi peut-il se plaindre? Il ne trouvera sûrement pas une hospitalité plus généreuse dans aucun autre château de la noblesse. Il n'a pas même jugé à propos de se présenter à Conrard.

ZOLLER.

Non, non, ce n'est pas cela: c'est toute autre chose. Je frémis, quand je songe à l'objet de mon entretien avec lui.

HENRY.

Comment?...... et que vous a-t-il dit de si terrible?

ZOLLER.

ZOLLER.

Vous voulez plaisanter, Monsieur le chevalier.... Ne lui avez-vous donc pas parlé?

HENRY.

Oui, vraiment; mais sais-je pour cela ce qu'il vous a dit? ou ce qui vous a si fortement épouvanté?

ZOLLER.

Je serois très-étonné que vous ne le sussiez pas... si toutefois vous le voulez réellement savoir..... Comme, en qualité de chevalier, vous n'êtes pas aussi aisé à intimider qu'un homme de mon espece....

HENRY. (Il prend brusquement la main du grand-maître et la secoue avec violence.)

Gardez vos terreurs pour vous, Monsieur le grand-maître. Et rappellez à votre souvenir, ce qu'il vous en a une fois coûté dans le camp de Louis, pour avoir trop parlé en présence des chevaliers; avez-vous déja oublié la leçon que Conrard vous donna alors?

ZOLLER. (Il se mord les levres de rage, et continue tranquillement.)

Vous vous emportez. Pardon. Nous ne pouvons pas vuider une pareille querelle avec l'épée. Cependant entre nous, Monsieur le chevalier....

HENRY.

Entre nous! à la bonne heure, entre nous!

ZOLLER.

Une tête froide parvient souvent mieux à son but, que le bras le plus vigoureux. Et il ne sera peut-être pas hors de propos, de vous demander si vous voulez en ce moment faire usage de la vôtre..... Vous n'en êtes pas à savoir que les hommes ne sont pas toujours ce qu'ils paroissent.

HENRY.

Voilà une sage réflexion, à laquelle vous ont sans doute amené les choses merveilleuses, que vous avez apprises d'Adolph.

ZOLLER, (le regardant fixément entre deux yeux; après une pause, il parle lentement et d'un ton froid.)

..... Ainsi..... Vous ne croyez réellement pas, que Conrard de Sontheim soit le meurtrier de Herman!

HENRY.

Infâme calomniateur! tu t'expliqueras à l'instant, ou......

ZOLLER.

Vous desirez apprendre quel droit j'ai de vous faire des questions?..... J'y consens, j'espere acquérir de vous des lumieres sur cette affaire..... ou plutôt la confirmation de ce que j'en pense, car elle m'est déja démontrée.... Et puis....

HENRY.

Et puis?.... Homme, démon, ou qu'est-ce que tu es?......

ZOLLER.

Votre impatience est naturelle..... Mais finissons la plaisanterie.

HENRY, (en fureur.)

La plaisanterie, misérable?...

ZOLLER.

Arrêtez, chevalier !.... (*Il tire lentement un poignard de dessous son habit, et le montre à Henry.*)

Reconnoissez-vous le droit que j'ai de vous questionner?..... (*Henry reste immobile, comme s'il étoit frappé de la foudre. Le grand-maître continue.*)

Où avez-vous mis le frere de celui-ci?.... Qu'est devenu votre serment ? Vous n'ignoriez pas cet attentat. Vous vouliez le cacher au tribunal secret ; et cependant vous aviez juré solemnellement le contraire.

HENRY, (interdit et immobile.)

Je l'avois oublié.

ZOLLER.

Oublié ! Chose singuliere, ... Oublié ! vous avez oublié que vous avez fait serment de dénoncer tout attentat, dont vous auriez été témoin, duquel vous auriez entendu parler, ou que vous pourriez soupçonner, quels que fussent les liens qui vous unissent avec le coupable.

HENRY, (en frémissant.)

Ah !.... Voilà la seconde fois que j'entends ces paroles sortir de ta bouche ! Tu étois celui qui se leva.....

ZOLLER.

La mémoire vous revient. Oui, c'étoit moi, qui reçus votre serment. Et je vous somme d'avouer, devant le tribunal, ce que vous savez de l'assassinat de Herman ; d'avouer, entendez-vous? Ce mot vous reproche votre faute. Tâchez d'en obtenir le pardon par l'obéissance et le repentir.

HENRY.

Il faut certes que l'ordre, qui vous inspire le courage de me parler ainsi, soit bien puissant, car il est fort étrange que nous nous trouvions l'un et l'autre dans une posture où ce soit à moi à trembler devant vous. Mon mépris vous a donné prise sur moi. Mais je veux effacer le souvenir de ma faute par le repentir. Jusqu'à ce que l'abîme, que je vois s'entrouvrir à mes pieds, m'engloutisse,..... je regretterai d'avoir respecté le tribunal, dont vous êtes un des membres. Vous étiez assis au haut-bout parmi les freres.... Je ne puis en douter. Les meilleurs appuis de l'ordre sont les infortunés, qui, sans son secours, sauront se donner la mort.

ZOLLER.

Téméraire! vous en répondrez devant les freres. Ni vous, ni Conrard, n'êtes plus dans le camp de Louis.

HENRY.

Grand-maître, grand-maître, que donneriez-vous pour n'avoir pas lâché ce mot? Je le vois actuellement; nous sommes perdus; Conrard et moi sommes perdus. L'ordre servira ta lâche vengeance. Si Conrard avoit embrassé la cause du roi de Bohême, s'il s'étoit rendu à ton infâme proposition, en acceptant l'or de Charles, il pourroit à présent marcher tranquillement de crime en crime. Mais, parce qu'il est resté fidele au bon parti, parce qu'il a rejetté tes avances déshonorantes, parce qu'il a renvoyé à ses maîtres le bas valet des princes, après s'en être moqué.... C'est pour cela, pour cela uniquement, que le tribunal secret lui demandera raison de sa conduite.

ZOLLER.

Pauvre insensé! je vous pardonne, parce que vos yeux troublés ne connoissent pas encore la voie droite, que prescrivent les statuts de l'ordre. Conrard, fut-il mon ami, je le sacrifierois à la justice; et la crainte de quelques fausses interprétations ne le sauvera pas. Voudriez-vous que le coupable échappât à la vengeance par égard pour votre amitié et mes scrupules timorés? Non! les loix du tribunal secret sont diamétralement opposées à de pareilles considérations. J'ai livré un coupable à la peine qu'il méritoit; dès l'instant se taisent dans mon cœur la haine comme l'amitié, la grandeur d'ame comme le desir de la vengeance. Devenu victime nécessaire de la justice, aucuns liens humains ne peuvent plus exister entre un tel être et moi... vous riez?

HENRY.

Je crois voir une petite ame, qui veut se cacher derriere de grandes pensées. O dites-moi, je vous prie....! il y avoit parmi vous un vénérable vieillard; son antique sagesse m'inspiroit du courage et de la confiance...... Celui-là est-il aussi un trompeur? ou est-il trompé? L'infortuné! que je le plains dans ce dernier cas! il se désespérera au lit de la mort, lorsqu'elle déchirera le voile qui lui cache le squelette de l'ambition!... Vous vous taisez? pourquoi cette réserve inutile? Ne savez-vous donc pas que vous venez de me découvrir les secrets les plus cachés... les plus inviolables de votre ordre?

ZOLLER.

Il suffit! je suis las de toutes ces profanations. Je n'ai plus rien à vous dire...... jusqu'à ce que nous nous reverrons. (*En s'en allant, il rencontre Conrard de Sontheim, qu'il laisse respectueusement passer devant lui.*)

SCENE SEPTIEME.

CONRARD DE SONTHEIM, HENRY DE WESTHAUSEN.

CONRARD.

Ou restes-tu, Henry? Chaque instant, que tu me ravis à présent, est un retranchement que tu fais à mon bonheur. Sans toi je ne puis goûter le doux plaisir de la vie....

HENRY.

A-t-elle donc jetté de si profondes racines dans ton sein?

CONRARD.

Mon esprit se repait déja de mes actions futures. Maintiens-le dans ces dispositions; choisis pour moi. Nous irons ensemble, et notre gloire à venir fera oublier celle que nous avons autrefois acquise.

HENRY.

Infortuné !

CONRARD.

Que veux-tu dire?.... Voilà un étrange changement.

HENRY.

Malheureux! tu as commis un assassinat. Ne sais-tu donc pas qu'il y a toujours mille bouches prêtes à en dénoncer l'auteur? Ta vie est sans cesse en danger,.... et tu songes à tes actions futures?

CONRARD.

Je consens, Henry, à souffrir ce propos de toi! de toi seul! Rappelle tes esprits. Est-ce une épreuve, à laquelle tu prétends mettre mon courage? Et parce que des pressentimens agréables me font encore une fois desirer de vivre, crois-tu que je craigne la mort?..... Celle-ci ne peut faire trembler que le pêcheur désespéré.

HENRY.

Conrard!... Oui tu viens de subir cette épreuve, et tes heureux pressentimens seront justifiés, s'il reste encore quelque énergie dans mon ame.

CONRARD.

Tu veux m'échapper, Henry....

HENRY.

Non. Viens! vois, j'éleve la main vers l'éternel et je jure.... O non, non!

CONRARD.

Inconcevable enthousiaste! quels sont tes desseins?

HENRY.

Sûrement je ne t'abandonnerai pas ; au contraire, je te conserverai. Mais je ne veux point jurer. Non je ne veux point jurer. Un serment est trop foible, et puisque je suis résolu de te conserver, je ne jurerai pas. Sans serment tu seras plus sûr de moi.

CONRARD.

Et je ne pénétrerai point cette énigme?

HENRY.

Ne le demande point. Il ne faut pas que tu sois arrêté dans cette belle carriere, et tu ne le seras pas. N'exige point d'éclaircissemens. Laisse-moi agir seul. J'ai aussi à me répentir. O une folie est souvent plus difficile à expier qu'un crime!

CONRARD.

Que maudit soit mon repos, si l'anathême, qui pesoit sur ma tête, retombe sur toi! Tu suces le poison hors de mes plaies.....

HENRY.

Non, mon ami! tu n'es point la cause de mes peines, mais tu n'as pas non plus de moyens de les alléger. La main bienfaisante de l'amitié ne pouvant pas atteindre mon mal, il doit te rester caché. La confiance le rendroit incurable, il faut que je le supporte seul. Je suis dans une position dangereuse. Si je dois pêcher, que ce ne soit pas du moins contre les loix de mon cœur. J'exige quelque chose de difficile de toi, mais il est encore en mon pouvoir de t'en récompenser. J'exige que tu me sacrifies tes doutes, tes inquiétudes. Ce n'est qu'en m'accordant cette grace, que l'obscur avenir peut un peu se dévoiler à mes yeux. Ne t'inquietes point, Conrard, de ce qu'il t'est impossible de pénétrer. Je vais prendre conseil de l'être, qui est en moi et au-dessus de moi. (*Il sort.*)

CONRARD, (jettant un profond soupir.)

..... Je ne puis pas m'élever jusqu'à toi..... Je ne puis que te suivre.

SCENE HUITIEME.

CONRARD DE SONTHEIM, ALBERT DE LINNE.

ALBERT.

GRACE à la fortune, je rencontre enfin un homme qui m'en donnera des nouvelles. Conrard, dites, dites-moi, où est Henry? où est-il? Henry, votre ami.... où est-il?

CONRARD.

Qui êtes-vous, vous-même; vous qui venez augmenter mes inquiétudes à son sujet? vous envoie-t-il pour savoir si j'observe religieusement ses ordres?

ALBERT.

J'étois autrefois un chevalier comme vous. Je suis actuellement le spectre tourmenté, bourelé d'Albert de Linne. Répondez-moi.... que fait Henry? vit-il encore?

CONRARD.

Il vit.... et vous avez des raisons d'en douter?

ALBERT.

Il vit? En êtes-vous bien sûr?.... Je vous parois aussi vivre, n'est-il pas vrai? Ah! si vous ne vous y connoissez pas mieux, vous pourriez bien, la derniere fois, avoir serré dans vos bras le cadavre de votre ami, en croyant qu'il vivoit encore. Il est mort, vous dis-je, je suis son assassin, et c'est pourquoi je suis forcé d'errer autour d'ici, sans prendre jamais aucun repos.

CONRARD, (furieux.)

Ce mystere est épouvantable; mais je jure que tu me le révéleras!

ALBERT.

Non. Aucun mortel ne peut pénétrer dans les mysteres du monde souterrein; vous l'exigez en vain.... Répondez-moi, vous, à qui aucun monde souterrein ne lie la langue. Quand l'avez-vous vu?

CONRARD.

A l'instant..... il étoit farouche, troublé, comme il ne l'a jamais été.

ALBERT.

Cela produit son effet! Farouche, troublé, dites-vous? nous éprouvons tous deux la même chose. Ah! conduisez-moi près de lui, abandonnez-moi à sa vengeance.

CONRARD.

Esprit de ténebres, ne te joue pas plus long-temps de mes incertitudes!....

ALBERT.

Cela vous fait-il de la peine? Regardez-moi? L'incertitude fut la punition que m'infligerent les démons, auxquels j'avois vendu mon ame. Ils donnent la mort à leurs favoris. Voulez-vous aussi devenir un exécuteur de leur cruel arrêt? Venez, venez, menez-moi près de lui. Aidez-moi à le trouver; il faut que je le voye. Son regard doit me sauver...... ou m'anéantir. (*Il entraîne Conrard avec lui.*)

ACTE QUATRIEME.

SCENE PREMIERE.

L'ARCHEVÊQUE, ZOLLER, DIDIER D'ARLHEIM, TROIS AUTRES CHEVALIERS.

(*Le lieu de la scene est le même souterrein décrit au second acte. Il ne manque que l'illumination du fond. On voit par ci par-là quelques bougies allumées. La table ronde, autour de laquelle siegent les juges, est découverte, et ils sont masqués. Trois huissiers du tribunal secret, également masqués, sont debouts derriere eux.*)

L'ARCHEVÊQUE (se levant.)

Le tribunal est rassemblé; le nombre des sages est complet. Ouvrez l'audience, on va juger à la vie et à la mort. (*Tous se levent; chacun tire son poignard d'une gaîne, qu'il porte à la ceinture et le tourne vers les quatre parties du monde; après quoi les freres posent leurs poignards en croix les uns sur les autres, puis se rassoient.*) Si quelqu'un de nous a des plaintes à porter, qu'il parle?

ZOLLER, (en frappant de la main droite sur les poignards.)

Je réclame le secours du tribunal, et toute sa

vigilance. J'accuse le chevalier Conrard de Sontheim du crime de meurtre. Le premier mari de Mathilde de Sontheim, Herman de Landsberg, a été assassiné par lui, ou par ses ordres. Une sombre obscurité couvre encore cet attentat, mais j'en dévoilerai l'auteur, et me ferai son dénonciateur, s'il comparoît à votre citation.

L'ARCHEVÊQUE.

Cette demande ne peut pas vous être refusée, il sera cité. Vous consentez par conséquent à subir la peine, qu'encoure celui qui fait une plainte injuste ?

ZOLLER.

J'enfoncerai à ses yeux ce poignard dans mon cœur, s'il se justifie.... Il convient de plus que le tribunal prononce aussi sur la conduite du nouveau frere, Henry de Westhausen..

L'ARCHEVÊQUE.

Comment ?

ZOLLER.

Cette dénonciation vous étonne.... Henry de Westhausen savoit l'assassinat de Herman de Landsberg, et par affection pour le meurtrier, il cherchoit à le cacher. Sa faute consiste dans le parjure et la désobéissance ?.... ou comment la qualifierez-vous ? (*Un morne silence.*) Quoi ! personne ne répond ? personne ne se leve ?.... je le demande encore une fois; comment qualifierez-vous cette faute ? et quel parti allez-vous prendre contre le coupable ?

DIDIER.

Est-ce une plainte en forme, que vous portez contre Henry de Westhausen ?

ZOLLER.

J'attends encore pour le moment, quel sera l'avis des freres.

DIDIER, (en se levant.)

Je vais vous dire le mien.

Il est innocent; et je rejette votre plainte, dans le cas où vous voudriez la poursuivre.

ZOLLER.

Vous?

DIDIER.

Retirez-là, puisqu'il en est encore temps. Elle est injuste et cruelle. Henry de Westhausen n'est point coupable. Le tribunal l'a-t-il fait appeller depuis son admission? Connoît-il aucun de ses freres? et quelles épreuves a-t-il déja subies? Souffrez que celle-ci soit la premiere. Conrard de Sontheim est son ami; cette épreuve peut devenir digne de lui. Mais loin de nous la tyrannie. La lettre de nos loix est en votre faveur; toutefois la nécessité seule doit obliger à avoir recours à ces lettres de sang. Et celle-ci vous ne pouvez pas la démontrer dans les circonstances présentes. Si cependant vous voulez l'essayer, me voici; je demande que vous soyez puni de la peine qu'on inflige, dans le cas d'une plainte prématurée.

L'ARCHEVÊQUE, (en se levant.)

Et moi je renonce au droit de préséance, que j'ai parmi les freres, pour me joindre à vous. (*Tous les freres se levent avec beaucoup d'agitation, l'archevêque adressant la parole à Zoller.*) J'ai déja remarqué souvent que vous méconnoissiez l'esprit de l'ordre. Son but n'est pas sanguinaire, quoique ses moyens le soient. Prenez-garde que je n'examine un jour à mon tour la conduite d'un chacun.

ZOLLER.

Rasseyez-vous; je retire ma plainte.

DIDIER.

Il est actuellement temps, mes freres, que vous en appreniez davantage. Dans le dernier carrefour, entre le château de Conrard de Sontheim et le lieu de nos séances, étoit attaché ce placard. (*Il le présente.*) Henry de Westhausen demande à être entendu : il s'est servi en cette occasion du moyen secret en usage parmi nous. Du moment donc où il nous cherche avec empressement et sans fraude, toute plainte contre lui tombe d'elle-même; mais de savoir s'il doit nous trouver,.... c'est sur quoi il est nécessaire de délibérer. Voulez-vous entendre la lecture de son placard?

L'ARCHEVÊQUE.

Lisez.

DIDIER.

« Aux freres du tribunal souterrein, les maîtres inconnus de la caverne. Une haine secrette et le desir d'une vengeance particuliere attaquent devant vous une vie qui est consacrée à la pénitence. La conservation de cette vie deviendra un exemple épouvantable pour le crime, et sa destruction feroit tort à votre justice. Chargez-moi de surveiller le coupable repentant. S'il s'arrête un instant dans la carriere où il est entré, je me charge moi-même de vous livrer ce lâche pénitent. Indiquez-moi où je puis vous trouver, afin que vous puissiez entendre ce que j'ai à dire en faveur de Conrard de Sontheim. » (*Un moment de silence.*) Que déterminez-vous sur la demande de Henry ?

ZOLLER, (après un second silence, prend la parole.)

Elle est en tout point contraire aux usages du tribunal secret.

DIDIER.

La plainte, que vous aviez formée contre Henry, n'étoit point conforme aux statuts de l'ordre ; ce qu'il demande ne l'est pas davantage. Vous ne devez pas opiner en cette occasion. (*Se tournant vers l'archevêque.*) Votre avis ?

L'ARCHEVÊQUE.

L'ancien du tribunal ne peut pas non plus opiner sur cette requête. On doit au reste suivre les regles prescrites par la loi contre l'accusé. Il faut qu'il se présente et qu'il soit confronté avec l'accusateur. Son ami peut, non le défendre, mais l'accompagner, l'encourager, l'exhorter à supporter le joug de la nécessité, sans s'en laisser abattre.... Aucun de nos sermens ne nous interdit la liberté de remplir ce devoir. Voulez-vous, mes freres, que je me charge de cette affaire ? une telle démarche est hors de nos regles ordinaires, cependant il n'y a pas d'inconvénient à ce que le tribunal la permette.

DIDIER.

Le tribunal louera et approuvera cette démarche;

marche; la joie universelle des freres vous en assure....

UN HOMME MASQUÉ.

Il reste encore à prendre un parti relativement à Albert de Linne. Il s'est très-mal comporté envers l'ordre, et il va librement par-tout.

DIDIER.

Librement? qui dit cela?..... dans le cachot le plus étroit, chargé de fers, il seroit plus libre qu'il ne l'est actuellement. Laissez-le aller long-temps de cette maniere, et ne décidez rien sur son sort.

L'ARCHEVÊQUE.

Quel nom donnerez-vous à cette punition, vous qui n'en avez pas encore donné à sa faute? que ce soit au reste un acte de justice ou une cruauté raffinée, il est impossible de le condamner légalement..... Le soleil luit déja au-dessus de cette caverne. Ses rayons vont bientôt éclairer nos saintes fonctions. Je leve la séance; à la premiere, nous jugerons Conrard de Sontheim. Plaignant, savez-vous où il demeure?

ZOLLER.

Non loin d'ici, dans son château; où, plein d'une confiante sécurité, il s'abandonne à la débauche, et donne en ce moment une fête splendide au duc de Julliers.

L'ARCHEVÊQUE.

Qu'il soit cité aujourd'hui même, pour venir répondre à l'accusation intentée contre lui.

(*Ils sortent par l'allée du souterrein. Didier d'Arlheim, qui voit le grand-maître s'en aller lentement et d'un air irrésolu, reste sur la premiere marche, et retourne sur ses pas, quand les autres freres ont disparu.)*

SCENE SECONDE.

DIDIER D'ARLHEIM, ZOLLER.

DIDIER.

Je devrois vous abandonner à vos incertitudes, Monsieur le grand - maître. Votre précipitation mériteroit cette punition.

ZOLLER.

Ai-je bien entendu? vous, vous prenez le parti de Westhausen? vous me forcez à retirer ma plainte? vous défendez avec la chaleur de l'amitié sa lâche conduite?

DIDIER.

Et vous aviez sur-tout compté sur mon appui, n'est-il pas vrai? vous auriez été en secret fort aise de me charger seul de l'horreur, dont les freres ont été saisis à cette occasion. Mais apprenez-moi ce qui vous autorisoit à concevoir l'espérance, que j'appuierois une dénonciation, que la haine et la passion vous inspiroient. Croiriez-vous peut-être que je hais ce chevalier? moi, il ne peut pas me mépriser; je ne le hais point.

ZOLLER.

Chevalier, chevalier!..... du moins je me rappelle très-bien ce que vous m'avez dit le jour, où.....

DIDIER.

Je vous le répete encore aujourd'hui ; ce que vous avez fait, vous n'avez pu le faire que par intérêt pour l'ordre, ou par des considérations qui vous sont particulieres. Jusques-là nous suivons le même chemin ; mais, en voulant racourcir ce chemin, vous vous êtes égaré. Qu'y auriez-vous d'ailleurs gagné ? Evrard aime Westhausen comme son fils ; les autres admirent ses grandes actions et ses vertus. Vous savez, et je vous ai souvent vu murmurer là-dessus, que depuis long-temps les plus zélés des freres disoient que cet homme manquoit à notre association ; pouviez-vous, d'après cela, vous flatter de réussir avec votre plainte mal fondée, contre une opinion aussi bien établie ?

ZOLLER.

Sais-je à quoi je serois parvenu si vous ne m'aviez pas abandonné ?

DIDIER.

Aveugle !...... c'est vous qui êtes chargé de l'affaire de Sontheim ; la destinée de son ami dépend de la sienne, sans que vous vous en mêliez. (*avec amertume.*) Ce que vous êtes dans l'ordre, vous me le devez. Votre élévation a paru incompréhensible à beaucoup de nos freres, et même à notre chef ; mais je savois à quoi vous pouviez être bon dans la place éminente que vous occupez. Essayez, au reste, vos forces, et tentez un peu de vous y maintenir seul !

ZOLLER.

Prétends-je cela ? vous êtes injuste, M. le chevalier; je regrette seulement que vous me cachiez l'ensemble de votre projet.....

DIDIER.

Prouvez-moi que, sans le connoître, vous le favorisez..... Laissez ce noble vieillard faire tous ses efforts pour sauver Henry. S'ils sont inutiles, comme je le présume, alors les freres seront eux-mêmes obligés de le condamner en gémissant.

ZOLLER.

Soit! je vous obéirai, et alors..... nous aurons vaincu.

DIDIER (*en reculant.*)

Malheureux, que pensez-vous?...... (*avec mépris et d'un air de grandeur.*) Ce que vous gagnez à cela ne me regarde point. Je verserai avec eux des larmes sur lui. (*D'un air sombre, et comme faisant un triste retour sur lui-même.*) Mais connois-je bien moi-même le terme où l'illusion disparoissant aux yeux de l'enthousiaste, il croit ne pouvoir se sauver de l'excès du désespoir, que par le sacrifice de sa vertu? Quoi qu'il en soit, si celui-ci périt, il périra en grand homme.......... (*avec chagrin.*) En plus grand homme peut-être que moi!...... Plus heureux sûrement, en ce qu'il ne sera pas condamné à passer sa vie, livré aux soucis d'une lâche ambition, et consummé par le desir impuissant de dominer; en ce que........ (*revenant à lui.*) Soyez tranquille, soyez tranquille, Monsieur le grand-maître; nous n'avons pas besoin de nous entendre pour agir de concert; tout ce que je puis vous dire, c'est qu'afin d'amener Henry au point où vous le voulez, il faut que je le veuille aussi. Abandonnez donc le reste à l'aveugle destinée? (*Ils sortent.*)

SCENE TROISIEME.

(*Une grande salle dans le château de Sontheim. Des pages vont de côté et d'autre d'un air affairé avec des plats, des bouteilles et des verres. Une couple de tables sur lesquelles ont voit des bouteilles et des verres.*)

CONRARD DE SONTHEIM, HENRY DE WESTHAUSEN. (Ils parlent en entrant.)

HENRY.

LAISSE-MOI, laisse-moi m'en aller. Je ne puis demeurer plus long-temps auprès de ce duc. J'ai bu à la mémoire de l'Empereur Louis; il s'est détourné et s'est écrié : vive Charles de Luxembourg : j'ai jetté mon verre par terre. N'avons-nous pas vu ce lâche prince venir mendier la protection du noble bavarois? et celui-ci indignement trompé, la lui accorder? Laisse-moi....

CONRARD.

Où vas-tu?

HENRY.

Je vais me promener à cheval, chercher un expédient qui décide de mon sort. Albert de Linne, me disois-tu, est inquiet à mon sujet; il faut que je me rende....... dans le lieu où j'ai placé mes dernieres espérances. (*Il s'en va.*)

SCENE QUATRIEME.

CONRARD DE SONTHEIM, LE DUC.

LE DUC.

Vous me laissez seul, chevalier, pour tenir tête à l'humeur brusque de cet intraitable Westhausen.

CONRARD.

Tranquillisez-vous, il part à l'instant et ne semble pas disposé à vous faire de nouveau sa cour...... Pourquoi aussi ne vouliez-vous pas lui faire raison, lorsqu'il a bu à la mémoire de Louis? cet Empereur étoit un grand homme auquel nous devons beaucoup.

LE DUC.

Vraiment, chevalier, les preuves réitérées que Charles a données de ses soins paternels pour l'Empire, méritent bien qu'on oublie enfin son indigne adversaire. Le guerrier errant a-t-il jamais eu, sous le regne de celui-ci, le loisir de songer au rétablissement de l'ordre et des loix?

CONRARD.

Ne nous occupons point de cela. Tout le bien que vous racontez de l'Empereur Charles...... l'avenir apprendra ce qu'on en doit penser, ainsi que les avantages que l'Allemagne aura retirés de l'avoir eu pour maître. Quant à moi je m'en embarrasse peu. J'éprouve en ce moment une indifférence inconcevable pour ma propre personne, et pour celles de tous les êtres qui m'intéressoient auparavant. Une si affreuse situation m'avoit été inconnue jusqu'ici, même lorsque j'errois çà et là avec nos guerriers. J'ai ce verre à la main, je le porte à la bouche..... Eh bien! l'instant que j'y ai employé est déja anéanti; celui qui s'approche s'anéantira peut-être encore plus vîte. Je ne sais.... daignez m'éclairer.

LE DUC.

Conrard, auriez-vous réellement besoin que je vous apprisse que c'est l'ambition qui vous tourmente?

CONRARD.

Non, non! cette passion active et inquiete, je la connoissois bien autrefois, mais il n'est rien dont je me soucie à présent. Si seulement mon âme pouvoit éprouver quelque légere émotion qui interrompît ce repos mortel!...... (*un court silence.*)

LE DUC.

Ecoutez! n'entendez-vous pas du bruit là dehors?

CONRARD.

En effet, j'entends marcher doucement, le bruit augmente...... Prince, cela n'annonceroit-il pas une tempête?

SCENE CINQUIEME.

LES ACTEURS PRÉCÉDENS, ZOLLER. (Peu après surviennent quelques pages de Conrard, qui s'avancent précipitamment, l'un après l'autre, et d'un air agité.)

ZOLLER.

PRÉPAREZ-VOUS à une nouvelle visite, Monsieur le chevalier, le concierge a sonné de la trompe du haut de la tour.

UN PAGE.

O Monseigneur, Monseigneur, je ne m'en fie point à mes yeux. Neme permettez pas de vous dire ce que j'ai cru voir. (*Il sort avec promptitude.*)

CONRARD.

Qu'annonce ce visage pâle?

DEUXIEME PAGE.

C'est eux, c'est eux! Monseigneur, vous êtes perdu. (*Il s'en va.*)

CONRARD.

Perdu ! actuellement j'espere qu'il ne viendra plus d'autre porteur de mauvaises nouvelles. (*Il veut sortir, un troisieme page se présente à lui,*)

TROISIEME PAGE.

Ils enfoncent la porte, Monseigneur; au nom de Dieu qu'avez-vous fait?

CONRARD, (*le retenant.*)

Arrête! parle! êtes-vous tous devenus fous? qu'avez-vous vu? répondez, ou......

LE PAGE (*s'échappant de ses mains.*)

Ah! priez, priez! n'accumulez pas faute sur faute.

LE DUC.

Laissez-moi essayer si tout le monde sera également muet pour moi. (*Pendant qu'il se dispose à sortir, le concierge se présente.*)

SCENE SIXIEME.

LE DUC, CONRARD DE SONTHEIM, ZOLLER, LE CONCIERGE.

LE CONCIERGE. (*Il tient à la main une affiche en parchemin.*)

Ah! Monseigneur! faut-il que je sois témoin d'une pareille chose sur mes vieux jours? regardez, regardez, prenez; ils sont déja partis. Ils ont coupé hors de la porte trois éclats de bois qu'ils ont emportés avec eux, pour prouver que leur mission a été fidellement remplie.

LE DUC.

Quoi! c'étoit des huissiers du tribunal secret?...... Chevalier, vous pâlissez?

CONRARD, (*lit.*)

« Nous, les Francs-Comtes et les Francs-

« Juges du saint tribunal secret,........ Herman « de Landsberg......... » Ah ! c'en est fait ! (*Le concierge sort en levant les mains vers le ciel.*)

LE DUC.

Voilà une affaire détestable ; il y a ici de la trahison......... Mais, dites-moi, où devez-vous vous rendre ?

CONRARD.

Au troisieme carrefour de la forêt voisine. L'heure fixée est la neuvieme de la nuit ; on m'accorde un délai de trois semaines, et c'est aujourd'hui le premier jour.

LE DUC.

De la résolution ! il ne faut pas qu'ils attendent si long-temps.

CONRARD.

Non, il ne le faut pas. J'y courre, et j'avouerai.......

LE DUC.

Conrard, Conrard, remettez-vous ! songez à votre femme, à l'honneur de votre maison. L'insolence de ces scélérats qui assassinent en secret, doit-elle s'accroître par votre perte ? voulez-vous pour accréditer cette association criminelle, lui sacrifier votre vie ? Non, rapportez-vous en à moi. Que votre exemple apprenne à nos foibles voisins comment on met des bornes à une arrogance aussi présomptueuse ! Vous vous rendrez aujourd'hui dans l'endroit désigné ; je vous accompagnerai avec mes cavaliers armés et ma suite. Qu'est-il arrivé aux princes qui ont eu assez de courage pour braver les invisibles? le territoire sur lequel il vous ont cité m'appartient. Ils intimident volontiers les hommes puissans, mais j'userai de mon autorité, et ne permettrai pas qu'une société de gens inconnus diminue les droits héréditaires de ma souveraineté.

CONRARD.

O Prince! je croyois, il n'y a qu'un moment, avoir encore du courage!..... Que m'importe, au reste, vos droits? je ne vois rien ici que crime et vengeance. Et cependant...... finir ainsi! tomber comme une victime qu'on immole! renoncer à ces beaux rêves d'un noble repentir!

LE DUC.

Et votre femme?

CONRARD.

Mathilde! mon fils! mon fils, pour qui je suis devenu coupable, avant qu'il fût né!

LE DUC.

Grand-maître, faites assembler ceux de mes gens qui sont au château, qu'ils s'arment, et que la moitié monte à cheval! (*Le grand-maître sort.*)

CONRARD.

Je vous accompagnerai. (*Les yeux tournés vers le ciel.*) Pas encore! tu ne m'appelles pas encore!.... Obtiens ton pardon de ce généreux fantôme, puis meurs! ainsi parloit la vertu la plus pure par la bouche d'un homme. Ce généreux fantôme ne plane pas au-dessus de mes juges. O! accorde-moi seulement la liberté de faire encore une belle action, celle d'expier mon crime; je serai alors sauvé et te suivrai volontiers.

LE DUC.

Venez, la nuit approche: je me fais une fête d'avoir quelque chose à démêler avec les vengeurs secrets.

SCENE SEPTIEME.

LE DUC, CONRARD DE SONTHEIM, MATHILDE.

MATHILDE.

Ou allez-vous? le château entier retentit de plaintes. Qu'est-ce qui est arrivé?

LE DUC.

Ne le demandez pas. Il n'est encore rien arrivé, laissez-nous......

MATHILDE.

Je ne t'abandonnerai point, Conrard; as-tu besoin de courage? et crains-tu que je te l'ôte? veux-tu m'épargner? ne supposes-tu plus de forces à mon ame attendrie?

CONRARD.

Pas en ce moment. Tu me reverras...... Je l'espere...... bientôt.

LE DUC.

Votre mari reviendra, je vous réponds de lui.

MATHILDE.

Et tu t'en vas sans Westhausen?

LE DUC.

Il vient avec moi.

MATHILDE.

Sans Westhausen? tu fais là un pas bien dangereux, puisque tu es obligé de m'en céler le motif? tu veux chercher à découvrir seul cette énigme inquiétante, que je lis sur tous les visages.

LE DUC. (Il le prend par la main et l'emmene.)

Arrachez-vous d'auprès d'elle, si vous êtes un homme. (*Ils sortent.*)

MATHILDE seule.

Mes genoux tremblent..... ah! cela est affreux! bien affreux! et Henry nous a abandonnés........ ô cette nuit! je ne la regarde pas comme finie.

SCENE HUITIEME.

HENRY DE WESTHAUSEN, MATHILDE, puis UN PAGE.

MATHILDE.

DIEU bienfaisant, tu m'envoies un rayon de ta lumiere céleste!

HENRY.

Hélas! madame, vous vous trompez. Je crains moi-même les événemens les plus terribles, et je m'attendois à les apprendre de vous. Je revenois de faire une démarche inutile, lorsque m'approchant du château, le bruit de mon cheval a éparpillé une troupe de gens rassemblés, qui, à ce qu'il paroissoit, en regardoient la porte avec des yeux timides et inquiets; ils parloient beaucoup entr'eux, mais ils se sont tus aussi-tôt qu'ils m'ont vu: le pont-levis étoit baissé; on ne voyoit pas une sentinelle; les cours étoient désertes et abandonnées. Je n'ai apperçu que deux vieux laquais qui pleuroient. Par-tout l'image de la désolation s'offroit à mes yeux. Personne de ceux à qui je me suis adressé ne m'a fait de réponse: et je vous trouve vous-même pâle et tremblante?

MATHILDE.

Le duc a entraîné Sontheim; je ne sais rien de plus. O chevalier, si vous êtes capable de pitié, aidez-moi à sortir de cette cruelle obscurité! Elle me tue.

UN PAGE, (en entrant.)

Ils sont partis, Madame, le duc et votre époux avec trente cavaliers armés. Ah! cette téméraire résolution ne peut que leur être funeste. Ils se défendroient sans doute contre des hommes, mais ceux qu'ils prétendent combattre sont les alliés de l'enfer.

MATHILDE.

Tu peux donc enfin me dire.......

LE PAGE.

Quoi! vous l'ignorez encore? notre seigneur est cité par le tribunal secret.

MATHILDE.

O ciel ! (*Elle s'appuie à moitié évanouie contre une colonne.*)

HENRY.

Madame, Madame, du courage ! Bon Dieu ! que ne fait-il jour !...... Aidez-moi du moins à l'emmener, elle périra ici. (*Ils font rentrer Mathilde.*)

SCENE NEUVIEME.

(*Un bois, il fait nuit.*)

DIDIER D'ARLHEIM, deux hommes avec des flambeaux qui montent et descendent dans la caverne. Tous les trois sont masqués.

DIDIER.

N'ENTENDEZ-VOUS rien ?

UN MASQUE.

Tout est tranquille dans la forêt...... Ecoutez cependant, voilà dans le lointain un bruit sourd ; comme celui d'une troupe à cheval.

DIDIER.

Vraisemblablement ce sont eux. (*Il tire un écrit de sa poche.*) Ce pauvre garçon s'appelloit Otton ; cela suffit ! il n'en faut pas plus pour troubler l'esprit inquiet d'un lâche scélérat. Quand il saura que cette action est connue, osera-t-il nous défier?...... ou l'a-t-il lui-même oubliée en jouissant des avantages qu'il en a tirés? Quoi qu'il en soit, nous verrons aujourd'hui plier son aveugle orgueil.

UU MASQUE.

Ils s'approchent. Ce sont des gens à cheval, quelques-uns mettent pied à terre.

DIDIER.

Retirons-nous.

SCENE DIXIEME.

LES ACTEURS PRÉCÉDENS (cachés), LE DUC, CONRARD DE SONTHEIM.

LE DUC.

Voici le troisieme carrefour. (*A sa suite qui est derriere le théâtre.*) Restez, et ne laissez rien échapper........ Je ne vois encore personne......... Ah! en voilà un qui est caché. (*Allant droit à Arlheim.*) Arrête, assassin, arrête!

DIDIER. (Il va au-devant de lui.)

Arrêtez vous-même, duc Guillaume, j'ai à vous parler.

LE DUC.

Si vous êtes un envoyé du tribunal secret, il est bon que vous sachiez.......

DIDIER.

J'ai à vous parler seul. Chevalier Conrard, éloignez-vous.

LE

LE DUC.

C'est lui que vous avez cité; que pouvez-vous avoir à me dire?

DIDIER.

Sa citation est une affaire finie, vous entendrez le reste.

CONRARD.

Pas sans moi. C'est à mon occasion que le duc est venu ici; je ne l'abandonnerai pas.

DIDIER.

Il n'a rien à craindre, et vous lui seriez d'un foible secours.

LE DUC.

Les cavaliers qui sont là, ne souffriront pas que personne approche. Laissez-moi seul, chevalier. (*Conrard se retire.*)

SCENE ONZIEME.

LE DUC, DIDIER D'ARLHEIM. (*Un court silence, pendant lequel le duc semble vouloir se tenir à une certaine distance d'Arlheim.*)

DIDIER.

PRINCE, notre entretien sera paisible; quittez toute méfiance. Je vous loue de prendre le parti de votre ami; de ce qu'une faute qui vous est vraisemblablement connue, ne vous éloigne pas de lui.

LE DUC.

Le puissant tribunal secret, quand il n'est pas le plus fort, daigne donc aussi quelquefois s'abaisser à des flatteries?..... Ma résolution, au reste, est prise, et je vais vous en faire part; sans examiner si Conrard est coupable ou non, je déclare que je ne reconnoîtrai jamais le droit que vous prétendez avoir de le juger. Je ne suis pas venu ici comme l'ami de Conrard, mais comme souverain du pays; et je vous défends de troubler le repos de ce chevalier, en quelque maniere que ce soit.

DIDIER.

Cette jalousie d'autorité convient également à votre rang et à votre nom; avez-vous néanmoins bien réfléchi à l'avantage que vous pouvez retirer d'une pareille conduite avec nous? quelle punition infligerez-vous à notre désobéissance?

LE DUC.

Vous, du moins, vous êtes en mon pouvoir.

DIDIER.

En votre pouvoir? vous le croyez, parce que je suis seul, et que vous êtes à la tête de trente hommes? Qu'est-ce qui enchaîne donc les forces de tant de milliers de gens, que vous, vous uniquement, appellez vos sujets?.... Vous seriez plus qu'un héros, si vous ne craigniez pas un danger dont votre puissance ne peut pas vous garantir. Toutefois les menaces sont les compagnes ordinaires de la foiblesse, et j'espere vous gagner d'une autre façon. Pourquoi, dites-le moi, seroit-il impossible qu'il se fît un traité entre vous et le tribunal secret?

LE DUC.

Que cette insolente présomption retombe sur votre tête ! qui êtes-vous, vous qui osez me proposer un traité ? Le costume du tribunal secret, dont vous êtes affublé, vous est commun avec tous les voleurs de grand chemin. Je ne vous reconnoîtrois plus dans cet équipage, si un jour j'avois à me plaindre de la violation du traité..... Non ! j'abjure l'opinion, que les hommes ont conçue de vous ; et, dès ce moment, ce sera peut-être à vous à me craindre. Je ne puis rien gagner par votre moyen, et vous ne m'inspirerez jamais ni confiance ni terreur.

DIDIER, (après un court silence et d'un air imposant.)

Duc Guillaume, approchez plus près de moi, afin qu'on n'entende pas ce que j'ai à vous dire. La foiblesse et la méchanceté sont les chaînes avec lesquelles nous retenons l'espece humaine. Si vous n'avez point de reproches à vous faire, et que votre conscience ait toujours été pure jusqu'à présent, alors vous pouvez vous vanter d'être indépendant du tribunal secret....... Cette fiere assurance semble répondre de votre innocence. Veillez donc bien sur l'avenir ; car de puissans princes, qui se sentoient coupables d'un crime caché, sont tombés sans ressources dans notre dépendance.

LE DUC, (d'un air contraint et hypocrite.)

Mes peuples n'ont donc plus qu'à remercier le ciel de ce qu'il m'a conservé sans reproche ; d'après ces principes, vous n'avez aucun droit à exercer dans ce pays.

DIDIER.

Pourquoi vous éloignez-vous? ce regard défiant annonce que vous m'avez mal compris. Les princes sont ordinairement à l'abri de nos poignards ; nous ne voudrions pas avec de pareils instrumens venger les hommes de la tyrannie qu'ils exercent sur eux. Mais une crainte éternelle de ces poignards doit être mêlée aux douces jouissances du pouvoir. C'est ainsi que nous avons soin de les enchaîner par le desir de conserver leur vie. La terreur accompagne alors sans cesse le plaisir du commandement, et au moment où ils veuillent s'y livrer, elle fait souvent passer dans l'ame de nos esclaves humiliés le lâche frisson de la peur. C'est la peine qu'infligent nos loix aux mauvais princes...... vous ne pâlissez pas?

LE DUC

(*se tait, et demeure embarrassé, incertain.*)

DIDIER.

Et cependant un crime, duc Guillaume, un crime n'est jamais prescrit pour nous.... Eh bien! n'êtes-vous pas encore décidé? fermez-vous toujours l'oreille à un traité? Parlons donc plus clairement! retournez en paix chez vous, et abandonnez-nous ce chevalier; à cette condition, nous consentons à oublier....... que vous aviez un neveu.......

LE DUC.

Arrêtez! l'enfer lui-même vous a-t-il révélé?....

DIDIER.

Le fils de votre frere aîné ne s'appelloit-il pas

Otton? cet inconsidéré jeune homme se trouvoit entre vous et la souveraineté. Vous vous en plaignîtes à la nature; cette bonne amie des princes lui envoya une maladie mortelle, et vous succédâtes à votre frere...... Ce fait est consigné dans les registres du tribunal secret. Mais, pour obtenir le libre exercice de nos droits, je vous promets en son nom le silence et l'oubli de cette action.

LE DUC.

S'il en est ainsi, si vous pouvez me donner des assurances......

DIDIER.

Nous sommes sûrs de vous; je ne vous donnerai pas d'autre garant que ma parole.

LE DUC.

Et c'est la parole d'un chevalier?

DIDIER.

D'un franc-juge du tribunal secret, au nom de ses freres. Je ferai plus, je ne veux pas vous tromper; réfléchissez au traité que nous venons de conclure. Nous vous promettons d'oublier cette action; mais vous, malheureux, vous n'oublierez jamais que nous l'avons sue. Il en est encore temps. Avant que les ames vénales qui sont à votre service, puissent vous sauver, il est en mon pouvoir d'enfoncer ce poignard dans votre sein, et de venger ainsi l'assassinat d'Otton. Choisissez, un sommeil éternel, la fin de vos plaisirs, voilà ce qui vous attend; auquel de ces partis donnez-vous la préférence?

LE DUC.

Non, je ne puis croire que le tribunal secret veuille se jouer de la confiance que j'ai en lui, en se permettant une trahison. Je vais quitter avec mes gens le château du coupable. Donnez-moi votre main, je jure de ne m'opposer à aucune de vos opérations.

DIDIER.

Et moi je vous remets la peine que vous aviez encourue. Quand vous serez las de la vie, ayez le courage de rompre votre serment et à l'instant nous vous en débarrasserons. (*Il se retire.*)

LE DUC seul. (Après s'être promené haut et bas une couple de fois d'un air agité, frappe du pied et s'écrie.)

Grand-maître!

SCENE DOUZIEME.

LE DUC, CONRARD DE SONTHEIM, ZOLLER, avec quelques-uns des cavaliers armés.

ZOLLER.

MONSEIGNEUR!

CONRARD.

Qu'y a-t-il, Prince?

LE DUC (avec hauteur, mais parlant vîte.)

Chevalier, vous m'avez trompé. Votre crime est prouvé. Je ne dois pas vous soustraire au bras vengeur de la justice. Toutefois je veux bien vous pardonner la démarche à laquelle vous m'avez engagé, dans la persuasion où j'étois de votre innocence. Je vous abandonne à vos remords......

CONRARD.

Quoi! quelles expressions trouverai-je pour.....

LE DUC.

Grand-maître, faites séparer mes cavaliers de ceux de Sontheim, nous nous en retournons à Juilliers. (*Il s'en va, les autres le suivent, excepté Conrard de Sontheim.*)

CONRARD (seul.)

Va-t-en, misérable! il y a long-temps que je te connoissois....... (*Ses gens, avec François à leur tête, se présentent dans le fond du théâtre.*) Vos cheveux gris m'assurent de votre fidélité; quel besoin avois-je du secours d'un prince foible!...... Approchez, François,...... vous tous, qui êtes plutôt mes compagnons de fortune que mes serviteurs, suivez votre véritable maître à Sontheim. Je défie les assassins secrets de venir me chercher au milieu de vous. (*Les cavaliers se taisent, Conrard recule en frémissant.*) Ah!

FRANÇOIS. (Il s'avance fort ému, mais parle avec fermeté.)

Monseigneur, je porte ce crêpe au bras en mémoire d'une personne, que le tribunal secret a mise à mort. C'étoit mon fils; il passoit pour un saint...... Et il n'étoit cependant qu'un vil hypocrite que la justice a puni avec raison. C'est la crainte de sa damnation qui fait couler mes larmes...... Je vous suivrai à Sontheim, mais aucun de nous ne vous défendra contre les secrets vengeurs. Vous ne pouvez pas exiger que le serviteur soit plus fidele à son maître, que le pere ne l'a été à son fils.

CONRARD, (Après une petite pause, d'un air tranquille et sérein.)

Suivez-moi à Sontheim. (*S'adressant à François.*) Et promets-moi de porter aussi un crêpe à ton autre bras ; alors tu m'auras aimé comme ton fils ! (*Ils s'en vont.*)

ACTE CINQUIEME.

(Le théâtre représente une place qui se trouve en face du pont-levis du château de Sontheim.)

SCENE PREMIERE.

HENRY DE WESTHAUSEN, WOLF, (sortant du château.)

HENRY.

Vous avez à me parler sans témoins? me connoissez-vous?

WOLF.

Oui, Monseigneur, il m'a été impossible de vous oublier. La reconnoissance a trop bien gravé votre image dans ma vieille tête pour qu'elle puisse jamais s'en effacer. Mais n'avez-vous plus le moindre souvenir de moi?

HENRY.

Vous vous trompez sûrement; où vous aurois-je vu?

WOLF.

Lorsque votre Empereur, Louis de Baviere, eut été excommunié, j'abandonnai en Italie son armée, et passai du côté opposé; je croiois alors que c'étoit pêcher, que de servir l'ennemi de l'église. Je combattis donc contre vous et fus renversé. Vous me trouvâtes, après le combat, à demi-mort sur le champ de bataille, où j'avois vainement imploré le secours et la pitié des défenseurs de l'église, que vous aviez mis en fuite. Un cheval que j'avois pris, et que j'avois attaché près de moi à un arbre, servit à un d'entr'eux pour s'enfuir. Ils me laisserent noyé dans mon sang, en m'accablant d'insultes. Vous me reconnûtes, vous me portâtes vous-même dans le camp, vous fîtes panser et guérir mes plaies. Dès cet instant je suis resté attaché à la bonne cause, et ai combattu pour elle aussi long-temps que mes forces me l'ont permis.

HENRY. (Il lui tend la main.)

Actuellement je vous reconnois, vieux et honnête Volf; votre bras étoit vigoureux. Je vous remercie de ce qu'en ce moment vous me procurez encore une douce émotion. Que faites-vous à présent?

WOLF.

On m'a envoyé afin de vous remettre secrettement ce paquet entre les mains. (*Il lui donne un rouleau de parchemin.*

HENRY.

Envoyé! de la part de qui? qui servez-vous?

WOLF.

Prenez toujours, prenez toujours.

HENRY, (Il ouvre le rouleau et lit, puis il fait quelques pas en arriere en frémissant, sans détourner les yeux de l'écrit; d'une voix casse et tremblante.)

Vous êtes un huissier du tribunal secret?

WOLF.

Un huissier sermenté du tribunal secret?

HENRY, (du même ton que ci-dessus.)

Eh ! savez-vous ce que vous m'apportez-là ?

WOLF.

Non, Monseigneur. (*d'un ton attendri.*) Ah! que ne vous l'ai-je envoyé au-lieu de vous l'apporter moi-même!

HENRY. (Après avoir achevé de lire, il cherche à se remettre.)

Wolf!

WOLF, (les yeux baissés.)

Que vous plaît-il, Monseigneur?

HENRY.

Le tribunal me fait savoir....... Si vous connoissiez le contenu de cet écrit..... me l'avoueriez-vous?

WOLF, (comme précédemment et d'un ton fort triste.)

Non, Monseigneur!

HENRY.

Je vous ai fait du bien, Wolf! et si je vous apprenois que vous m'avez apporté la mort, l'affliction, la honte, en place de la vie que je vous ai sauvée?

WOLF, (lui embrassant les genoux.)

Ah! Monseigneur, sentez du moins ces larmes ameres d'un homme de soixante-dix ans, à qui la reconnoissance a conservé une bonne conscience jusqu'à présent. Le peuple célebre vos hautes vertus ; le pauvre Wolf n'a que celle-ci. Ayez compassion de moi, et ne me l'ôtez pas !

HENRY.

Levez-vous, vieillard, levez-vous. Il faut que vous me démontriez glorieusement cette vertu. Il m'en coûte une des miennes...... Je vous ai fait du bien ! j'exige que vous me disiez ce que vous savez sur l'objet de la commission dont vous a chargé le tribunal secret.

WOLF, (avec la plus vive douleur.)

O Dieu ! Monseigneur....... cela....... je ne le puis !

HENRY.

Wolf, Wolf, j'ai un ami, qui m'a sauvé la vie, et voici son arrêt de mort......

WOLF. (Il l'interrompt promptement, mais d'un ton doux.)

Songez donc que je ne dois pas même entendre cela !

HENRY, (avec dureté.)

Allez ! vous ne méritez pas de risquer votre vie pour moi.

WOLF.

Vous me faites grand tort, seigneur chevalier. Ma vie, je le pense, vous appartient. Le danger auquel je serois exposé par ma trahison, ne m'arrête pas. Mais je ne puis pas faire ce que vous exigez. Je le voudrois bien, je le voudrois par amour pour vous, et je ne le puis cependant pas !

HENRY.

Vieillard, j'ajoute foi à tes larmes, à la simplicité de tes expressions. Je suis moi-même soumis à l'influence de ce pouvoir, qui assujettit ton ame bien plus fortement, que jamais la superstition ne le fit autrefois. Toutefois je démêle tes intentions honnêtes. Eh bien! je réponds de la vie de celui que le tribunal poursuit, et il est possible que ce que tu me diras, puisse le sauver.

WOLF.

Dieu en est témoin, monseigneur, que les plaies de la guérison desquelles je vous suis redevable, ne m'ont pas fait autant souffrir, que l'instant où je me trouve.... Mais le tribunal secret ne peut pas avoir tort. Vous êtes un bon et de plus un grand homme..... Cependant un décret du ciel est encore plus grand que vous! et.... je sais d'ailleurs bien peu de chose du tribunal secret.

HENRY (tranquillement.)

Va-t-en, laisse-moi seul.

WOLF.

Vous ne m'en voulez pas?

HENRY.

Non..... Laissez-moi, je finirai bien cette affaire sans vous. (*Wolf sort.*)

SCENE SECONDE.

HENRY DE WESTHAUSEN, (seul.)

Je la finirai! il faut bien que je la finisse!........ Mais, dans l'extrême confusion d'idées qui oppressent en ce moment mon ame... il m'est impossible de prendre un parti! J'étois de sang froid, je jouissois de toutes mes facultés, lorsque je me suis dit:.... il faut le sauver! Rassemblez-vous donc autour de ce fanal, mes pensées! Son existence a acquis plus de valeur; la mienne.... par cela même a perdu de la sienne! Je sacrifie ma vie à la conservation de Sontheim....... Mais ne puis-je pas me sauver avec lui? demeurer à ses côtés jusqu'à ce qu'il ait expié son crime? Que l'ennui de la vie ne me porte pas à une action désespérée! Il aura besoin d'un soutien...... Que dis-je! ce foible soutien romproit sous lui. Mes forces sont épuisées; il ne m'en reste que ce qu'il faut pour mourir..... Le coup fatal est donc porté; je mourrai...... J'ai juré, et j'ai été infidele à mon serment. Quand je jurai, je renonçai d'avance aux devoirs, que m'imposoit la vertu. D'un côté, elle m'ordonne de fausser mon serment, et de l'autre elle m'inspire de l'horreur pour le parjure....... Ah! le parjure est devoir, quand le serment fut crime, et je me dévoue à la mort pour lui conserver la vie..... Il ne prodiguera pas sans doute inutilement une chose, qui me coûte si cher; il vivra, jusqu'à ce qu'il ait dégagé sa parole.... O vie! je te supporterois encore, si je savois pouvoir faire mieux que mourir. (*Il veut rentrer, Albert de Linne vient à sa rencontre.*)

SCENE TROISIEME.

ALBERT DE LINNE, HENRY DE WESTHAUSEN.

ALBERT.

CHEVALIER !..... chevalier, ne me fuyez pas! On m'avoit dit que je vous trouverois enfin ici. Je vous vois aujourd'hui pour la derniere fois.

HENRY.

Vous le savez déja?..... Mais que vous est-il arrivé? Vous ne portez plus aucune décoration?

ALBERT.

Ma destinée approche de son terme. Je vais m'enterrer vivant dans la prochaine chartreuse, pour pleurer les erreurs qui me séparent du monde. Aucun lien ne m'attache plus aux hommes. J'emporterai seulement dans ma cellule la consolation de vous avoir vu encore une fois. Depuis l'instant, où l'on m'a arraché de vos côtés, mes inquiétudes sur votre sort m'ont mis à la torture. J'aurois beaucoup mieux fait, si me cachant dans la foule, j'avois tout de suite renoncé aux décorations de mon état, que la fourberie et la trahison déshonorent.Quoi qu'il en soit, je vous revois en ce moment; vous vivez; vous avez conservé toute votre énergie. A cette noble intrépidité, on ne reconnoît pas une victime du tribunal secret.

HENRY.

Pas une victime forcée du moins! Tranquillisez-vous, Albert. Ce sera aussi bientôt fait de moi; mais je ne périrai pas sans gloire. Vous ne serez pas non plus responsable de ma mort.

ALBERT.

De votre mort!....

HENRY.

Appellez-la plutôt la derniere action de ma vie; cette expression ne vous effraiera pas tant. Je parois devant vous avec tout mon courage. Réjouissez-vous en. Emportez dans votre cellule le souvenir; que mon génie expirant s'est relevé dans l'ordre. Le combat terrible que j'ai essuyé, a réveillé mes forces engourdies. Je suis sûr de la victoire. Adieu. Je n'ai plus long-temps à vivre. Que le repentir dévorant soit loin de votre sollitude, et que cet embrassement ramene le calme dans votre ame agitée!..... Non! ne me parlez plus. Je pourrois vous demander beaucoup de choses, et de la maniere dont vous êtes disposé, vous me diriez sans doute la vérité. Mais je ne veux pas augmenter le compte, que vous avez à rendre au tribunal...... et vous ne m'indiqueriez sans doute pas un meilleur chemin que celui que j'ai résolu de suivre, adieu. (*Il rentre précipitamment.*)

ALBERT seul.

Ame noble et grande! pourquoi ne m'entraînes-tu

nes-tu pas avec toi dans ta fin glorieuse? Hélas! elle n'est point réservée à un homme foible.

SCENE QUATRIEME.

ALBERT DE LINNE, DIDIER D'ARLHEIM, (dans le costume de chevalier).

ALBERT. (En tournant la tête, il apperçoit Didier.)

Ah! fantôme épouvantable! ne te lasseras-tu pas de me poursuivre? laisse-moi; tes droits sur mon ame sont anéantis. J'appartiens à un ordre plus saint que le tien.

DIDIER.

Soyez tranquille, Albert. Je viens vous dégager du nôtre. Vous ne serez toutefois jamais maître absolu de votre personne. Si vous croyez pouvoir rompre à volonté les liens qui vous unissent à nous, vous êtes dans une grande erreur. La sainteté du lieu, que vous allez habiter, n'arrêteroit pas la vengeance du tribunal secret.

ALBERT.

Recevez donc mes remerciemens, de ce que vous me laissez à moi seul le soin de me tourmenter; et épargnez-moi dorénavant, le déplaisir de vous voir.

DIDIER.

Attendez un moment; le repos du couvent ne vous échappera pas..... Henry de Westhausen vient de vous quitter?

ALBERT.

Pensez-vous que je veuille une seconde fois

le trahir ? Perdez cette espérance, Arlheim. La mesure des maux que j'ai faits à ce grand homme est comblée. Mais ne triomphez pas encore; vous aurez de la peine à l'avilir assez pour l'obliger à concourir à l'exécution de vos secrets desseins.

DIDIER.

Non. Quittez en paix le monde : je ne le crois pas moi-même destiné à devenir un esclave mécontent, un instrument forcé de notre puissance. C'est à vous qu'il en aura l'obligation, si l'épreuve à laquelle il va être soumis, l'éleve tout d'un coup à la dignité d'un de nos membres. Je desire, au reste, que de puériles sentimens d'humanité ne détruisent pas cette grande espérance.

ALBERT.

Dans ce cas, il deviendra votre victime. Et le piege que vous lui tendez, vous supposez que la vertu de Westhausen ne pourroit pas le rompre ?

DIDIER.

Vous lui avez parlé tout-à-l'heure, et vous croyez cela possible ? Eh bien ! s'il le veut.... Adieu ; dépêchez-vous à gagner votre couvent, avant que le dénouement de cette affaire n'ait détruit les vains fantômes d'un doux repos, que votre imagination s'est plû à créer.

ALBERT.

Arlheim ! Arlheim ! Ton front présage de cruels malheurs..... (*Il le retient et lui arrache son épée ; ils s'écartent précipitamment l'un de l'autre.*) Ne fais pas usage de ce que je t'ai dit, ou je t'arrache la vie...... (*pendant qu'il cher-*

che à tirer l'épée du fourreau). Chevalier! lâche, tu fuis?

DIDIER.

Le chevalier ne fuit pas. Mais je ne dois pas compromettre les intérêts du tribunal avec le courage d'un forcené. (*Il s'éloigne*).

ALBERT, (seul, tenant l'épée à la main.)

Ah! puis-je encore balancer sur le choix de la personne contre qui je dois me servir de toi? (*Il sort en fureur*).

SCENE CINQUIEME.

UN VIEUX MOINE. (Il marche avec des béquilles, et se traîne lentement pardessus le pont-levis; il semble par les gestes et les signes qu'il fait vers les fenêtres du château, demander l'aumône). FRANÇOIS (à une fenêtre).

FRANÇOIS.

Retirez-vous, vieillard, retirez-vous: vous venez dans un mauvais moment.

LE MOINE.

O mon ami! permettez-moi d'entrer. Je me suis anuité, égaré; je meurs de faim et de fatigue. Votre maître ne s'y opposera pas, s'il mérite la bonne réputation dont il jouit. Par la miséricorde de Dieu....

FRANÇOIS.

On en a grand besoin ici, mon frere...... Attendez: je vais vous joindre...... (*Il vient un panier à la main, rempli de choses propres à boire et à manger.*) Voici de quoi vous rafraîchir. Mais je vous avertis qu'on ne donne plus dans ce château, l'hospitalité aux étrangers. Asseyez-vous là dehors; vous reposerez sur le gazon, et ce chêne vous couvrira de son ombre. Notre seigneur a souvent occupé la même place, d'où il étoit témoin de nos exercices quand nous joutions entre nous. Dans ces sortes d'occasions, il faisoit ordinairement des présens à mon fils, en récompense de sa valeur..... Bon appetit, vieillard, ce sont les restes d'une fête; la derniere, peut-être, que je verrai ici. Priez Dieu pour l'ame de notre maître.

LE MOINE.

Grand merci, grand merci. Vous êtes vieux, et c'est ce qui vous rend compâtissant envers un foible vieillard délaissé. J'ai perdu depuis peu mon dernier soutien. C'étoit l'honnête Bruno. Pauvre, misérable, malade comme moi, il y a vingt ans que nous nous aidions mutuellement à supporter nos peines, et chose extraordinaire, nous étions souvent fort gais. Hélas! il n'est plus, ce fidele compagnon de mon infortune; je ne serois pas étonné que les hommes me laissassent à présent mourir de faim; car incessamment ils ne pourront plus me reconnoître pour un de leurs semblables. Si votre Seigneur a un ami, que Dieu le bénisse. Je vais prier afin qu'il le lui conserve.

FRANÇOIS.

Faites cela, mon frere, faites cela, car il a un ami qui pleure aujourd'hui avec lui.......

LE MOINE.

Faut-il donc que vous me quittiez déja?....... votre présence me fait plus de plaisir que ce que vous me donnez. Il me semble que je revois en vous mon pauvre Bruno.

FRANÇOIS.

Vous voyez en moi un malheureux qui a perdu par un double trépas, deux personnes qu'il aimoit tendrement. Votre Bruno a emporté dans l'autre monde une vie innocente; ne tardez pas à le suivre, et laissez-moi rentrer. Là-dedans gît ma femme; elle lute avec la mort, et demande sans cesse si bientôt son fils ne reviendra pas de la forêt. (*Il se retire en pleurant.*)

SCENE SIXIEME.

LE VIEUX MOINE, DIDIER D'ARLHEIM survient.

LE VIEUX MOINE (seul et assis, ayant l'air d'une personne qui réfléchit.)

Pourquoi falloit-il que je rencontrasse cet homme?..... Le lâche abus que je fais de saintes pensées, retombe comme un poids sur mon propre cœur..... J'ai promis de prier, afin que Dieu lui conservât son ami, et je suis venu pour le lui ravir.....

DIDIER. (Il vient lentement par un des côtés, et en cherchant.)

.... Q'avez-vous, vieillard? vous paroissez

foible et mourant...... (*Il s'approche et le reconnoît.*) Quoi ! vous, mon pere, vous ?

L'ARCHEVÊQUE.

Nous errons autour de ce château, comme les démons autour du tombeau des damnés. Est-ce le même motif qui nous y rassemble ?

DIDIER.

Cela n'est pas vraisemblable...... Le vôtre est de sauver un homme déja perdu, avant que vous sussiez seulement qu'il fût en péril.

L'ARCHEVÊQUE. (Il se leve et emmene Didier plus loin. Après une pause, pendant laquelle il paroît réfléchir à quelque chose d'important, et regarde celui-ci fixément.)

Il en est temps enfin, Arlheim ; depuis douze ans vous siégez à mes côtés, et voici le premier moment où vous voulez bien me parler sans déguisement. Le masque que vous aviez pris ne vous cachoit pas tout entier à mes yeux, mais la complication de vos projets me les rendoit souvent difficiles à débrouiller....... Répondez-moi ; la destinée de Westhausen, à ce que je vois, repose actuellement sur nous. Tout le pouvoir du tribunal se trouve partagé entre nous deux. Son bon et son mauvais génie sont aux prises et se livrent....... le dernier combat ; car de l'issue de cette affaire, dépend une résolution que j'ai longtemps hésité à mettre en pratique.

DIDIER (lui tendant la main d'un air décidé.)

J'accepte votre défi, Evrard ; je sens l'importance de ce moment, comme vous. Quoi qu'il m'en coûte de troubler la vénérable tranquillité d'un homme de quatre vingts ans, de déchirer le voile qui l'empêchoit de voir l'inutilité de ses vœux et de ses démarches, relativement au bonheur de l'humanité...... je veux être juste envers vous, n'avoir plus de secrets. Je vous ai toujours envié votre noble erreur, et je donnerois bien volontiers ma triste vérité, pour pouvoir ménager vos cheveux blancs.

L'ARCHEVÊQUE.

Je vous les abandonne, Arlheim. L'inexpérience d'un jeune homme est plus respectable que la folie d'un vieillard. Frappez donc sans miséricorde sur cette tête chauve, si elle l'a mérité.

DIDIER.

..... J'étois jeune, lorsque vous m'admîtes à votre association; dans ce temps-là, mon cœur timide s'ennivroit encore des douces illusions de l'amour : il ne recevoit de sensations agréables que celles que lui procuroient des êtres étrangers à lui. Le dérangement de ma conduite me jetta dans vos bras. Mais quelle fut ma surprise quand j'eus connoissance de vos loix, de votre serment; le feu de la jeunesse et mes talens naturels avoient toujours soutenu mon courage : avec de pareils moyens, je m'étois cru tout possible. Cependant, pour m'acquitter des saints devoirs du tribunal secret, il fallut arracher avec violence de mon cœur les sentimens qu'il avoit nourris jusqu'alors : vous vous chargeâtes d'étouffer dans votre éleve son trop grand penchant pour les plaisirs :.... vous fîtes éclore involontairement en moi cette passion fougueuse qui n'a que trop souvent troublé le repos du monde, et je fus obligé de sacrifier, amour, amitié, pitié, et tous les penchans qu'inspire l'humanité à un certain je ne sais quoi, qu'on appelloit l'esprit de l'ordre. La crainte, la haine, la vengeance étoient les alimens qu'on fournissoit à mon orgueil. Il fallut enfin que je désapprisse à m'aimer moi-même, tandis qu'une chaîne de fer, dont la dureté opprimoit mon ame, fut le seul lien qui m'unît à nos freres. Aurois-je pu concevoir de l'attachement pour eux? pour des êtres méprisables, qui, faute d'énergie, étoient courbés sous le joug d'une obéissance aveugle? pour de lâches esclaves, dont l'orgueil timide avoit d'autant plus de prétention à la part imaginaire dont ils croyoient jouir, dans l'exercice de l'autorité, qu'ils étoient plus servilement soumis à notre institut?....... Seul, vous vous éleviez au-dessus des vices de ces indignes instrumens, que vous croyez protéger. Vous vous étiez de bonne heure accoutumé à aimer l'espece humaine en général, et à ne pas faire attention aux individus. J'eus occasion d'agir de concert avec vous, mais sur les chemins obscurs et peu fréquentés, qui, par la froide main de la nécessité, devoient conduire au but que vous vous étiez proposé, but placé bien au-delà des bornes de la nature; j'apperçus les passions les plus basses, travaillant impunément à leurs manœuvres perverses, à l'abri de nos loix. Vous marchiez cependant toujours courageusement vers votre but, sans voir ce qui se passoit autour de vous. Néanmoins, pour avoir voulu exécuter un projet au-dessus des forces humaines, vos instrumens furent obligés de se dégrader au-dessous de l'humanité. Chaque trait dont la nature les avoit marqués, fut effacé ou altéré. Heureux ceux, dans les ames viles et impassibles desquels, le poison mortel de notre institut eut moins de chose à détruire. Ils ne changerent point, et un faux air de sainteté donna encore plus d'éclat à leur infâme conduite. Vous travailliez en vain : je le vis alors trop clairement. Inutilement cherchiez-vous à répandre l'amour de la vérité et de la vertu...... De ce cloaque infecte, il ne pouvoit sortir rien de bon, et vos glorieuses intentions se corrompirent en passant par des mains impures. Afin d'exécuter cette noble, cette divine entreprise, vous fûtes contraint de vous servir de moyens dangereux qui devoient la faire manquer. Vous perdîtes ainsi votre temps, et moi je perdis pour toujours ma foi.

L'ARCHEVÊQUE.

Malheureux!

DIDIER.

C'est ce que je fus sur mon honneur, et la vengeance, que j'exerce en ce moment contre vous, vous l'avez bien méritée relativement à moi, et à beaucoup d'ames nobles et généreuses, que vous avez su persuader. J'étois donc là, à jamais séparé de la nature et de mon espece; détaché de tous les plaisirs de la vie... et les avantages importans auxquels j'avois sacrifié mon bonheur, s'en alloient en fumée. Traîner une existence détestée, comme un Albert de Linne; être attaché à un devoir odieux et cruel..... c'est à quoi je ne pouvois me soumettre. Et il ne me restoit plus d'autre carriere à courir, lorsque....

Mais n'anticipons point......... Après un long et mortel combat, je pris enfin un parti. Agité de sombres réflexions, je descendis en esprit dans le fond des enfers, et là j'observai les moyens qu'employoit le prince des anges rebelles, pour se faire illusion sur sa damnation. Ensuite j'entrepris avec des sens émoussés et un cœur éteint un nouveau travail, qui étoit digne du désespoir, qui me l'avoit inspiré. Je m'emparai insensiblement de toutes les petites passions, qui jusqu'alors étoient restées comme éparses sans but déterminé dans le vaste champ de notre ordre. L'amour propre, l'ambition, l'envie, la lâcheté furent les armes que je tournai contre vous. Et la plupart du temps, vous étiez vous-même obligé d'adopter mes projets, parce que malheureusement le pouvoir et l'autorité auxquels j'aspirois, se trouvoient au nombre des moyens, dont vous aviez besoin pour réussir dans les vôtres. Quant à moi, je n'étois point délicat sur les motifs. Il m'étoit fort indifférent quelle erreur avoit trompé le fondateur de notre puissante association. Le pouvoir du tribunal secret étoit la seule chose qu'il y eût de réel dans cet établissement. C'est ce que mon esprit conçut d'abord... Et j'eus ainsi quelquefois le plaisir de vous seconder dans votre respectable ouvrage. Mais aussi souvent que je m'unissois contre vous avec les plus méprisables et les plus foibles de nos freres, j'étois toujours sûr du succès.

L'ARCHEVÊQUE.

Continuez, continuez ! Le voile et mon cœur se déchirent; je n'ai jamais connu les hommes, et je voulois me mêler de les rendre heureux ! Envenimez les plaies que vous me faites, je mérite d'être puni.

DIDIER.

Infortuné ! Ah ! notre explication devient toujours plus terrible !..... La prochaine admission de Westhausen causa une fermentation générale dans l'ordre. Vous espériez trouver en lui un digne coopérateur, un héritier peut-être de vos grandes vues. La société entiere attendoit avec impatience cette glorieuse acquisition. Il n'y avoit qu'un petit nombre des enfans de la nuit, qui craignoient le regard perçant et le courage indomptable de ce héros. Je le connoissois et j'approuvai fort qu'on cherchât à l'enrôler. Je le voyois déja devenir la victime de cette démarche précipitée. Sa rare intrépidité unie à une détermination inébranlable de faire le bien, ne pouvoit pas s'accorder avec les statuts de l'ordre. Il falloit donc qu'il tombât, et que sa chûte donnât une plus haute idée de notre puissance. Qu'il tombât là où un Zoller pouvoit s'élever !... (*Deux hommes cachés dans leurs manteaux sortent du château, et passent doucement à une petite distance d'Arlheim. Il les observe jusqu'à ce qu'il les ait perdus de vue, paroît tomber dans une sombre rêverie, et se tait.*)

L'ARCHEVÊQUE, (comme revenant tout-à-coup à lui-même, leve les yeux sur Didier.)

Est-ce fini ? n'avez-vous plus de poison à me donner ? Celui-ci n'est pas encore assez fort pour me tuer.

DIDIER. (Il lui prend la main avec force; d'un air vivement ému.)

Evrard, Evrard, rappellez tout votre courage; votre bien-aimé, votre fils est perdu. Il n'auroit pas, au reste, mérité votre attachement, si vous aviez pu le sauver. Tantôt il est venu ici pour trahir l'ordre et secourir son ami. Actuellement il vient de passer, et Sontheim étoit avec lui. Je les ai reconnus à travers leur déguisement. Remettez-vous, mon pere, remettez-vous ! ah ! je le sais bien, que c'est lui qui est le vainqueur. Ne profanez pas son triomphe par votre douleur.

L'ARCHEVÊQUE.

Homme dur ! je l'ai aimé, et j'ai quatre-vingts ans !...... Je ne veux toutefois pas consacrer mes larmes seules à sa mort. Conduisez-vous bien, Arlheim. J'abandonne un champ de bataille, où mes efforts insensés ne servoient que de jouets à un adversaire plus habile. Devenez le chef suprême de l'ordre. Je me démets solemnellement entre vos mains, de cette dignité dont j'étois revêtu. Dites à nos freres pourquoi je me suis retiré..... Mais à quoi pensai-je ! vous ne le pouvez pas ! Conduisez-vous bien ! je vous le répete. Ce que j'ai pu faire pour l'avantage des hommes continuera sans doute à être mêlé avec les maux inévitables de votre association ; ainsi il n'y aura aucun changement dans l'ordre, quoique je n'y sois plus.

DIDIER.

Vous faites sagement, Evrard. Quant à moi, il faut que j'accomplisse ma triste et cruelle destinée. Adieu. Je vais encore risquer une démarche, et je ne sais si je dois craindre ou espérer qu'elle soit inutile?...... Avant de nous séparer...... car je me sépare avec peine de vous....... dites-moi si vous me croyez, quand je vous assure qu'il me tient infiniment au cœur de savoir.... comment vous allez passer le reste de votre vie.

L'ARCHEVÊQUE.

Je vous en crois. Votre ame n'est pas étrangere à la mienne, et je commençai pour la premiere fois, à douter de la bonté de mes projets, lorsque je vous vis devenir un scélérat...... Afin, mon fils, de faire une pénitence proportionnée à mes fautes, je manque de temps et de forces. Je vais donc m'occuper uniquement de mon emploi de pasteur des ames. Vous pourrez me revoir à l'autel. Plut à Dieu que je n'eusse pas négligé ce devoir sacré, pour en remplir un autre beaucoup plus périlleux.

DIDIER. (Il veut le quitter brusquement; ensuite il revient sur ses pas, et lui saisit la main avec une vive émotion.)

Mon pere,..... je ne me détournerai jamais de mon chemin; mais je ferai ce que je pourrai..... (*Il met un genoux en terre devant lui.*) Votre bénédiction!

(*L'archevêque se baisse vers Didier, et lui pose en silence sa main sur la tête. Puis ils s'en vont par des chemins différens.*

SCENE SEPTIEME.

(*Une forêt.*)

CONRARD DE SONTHEIM, HENRY DE WEST-HAUSEN. (Tous les deux sont déguisés de la même maniere, et cachés dans leurs manteaux.)

HENRY.

Arrête : il faut nous quitter ici.

CONRARD.

Tu veux m'abandonner ? tu ne t'enfuis pas avec moi ?

HENRY.

Seul, tu exciteras moins les soupçons. Tu connois le chemin, bientôt tu seras entièrement à l'abri de tes persécuteurs. Mathilde te suivra.

CONRARD.

Et toi ?

HENRY.

Quand même je ne l'accompagnerois pas..... nous ne nous recontrerons pas moins !

CONRARD.

Ami ! ton regard sombre annonce que tu me caches un mystere. Parle ? comment as-tu pu savoir le jugement du tribunal secret ? et toi, n'as-tu donc rien à craindre ? malheureux, tu veux me mettre à couvert de la vengeance des invisibles, tandis que tu resteras peut-être exposé à leurs coups ?

HENRY.

Je te donne ma parole, Conrard, que je n'ai rien à craindre de la vengeance du tribunal....... Toutefois les momens sont précieux. Permets que je te parle le langage d'un vrai ami. Tu as commis le crime pour lequel tu es poursuivi ; la sentence, qui te condamne à la mort, est juste. Si tu continuois à vivre, sans expier cette grande faute, si tu abandonnois tes projets de repentance, alors il auroit mieux valu ne pas arracher à la justice sa victime. Le dessein que tu as conçu, m'impose le devoir de te sauver. Conrard, restes fidele à cette bonne résolution ? Je sacrifierai ma vie pour te conserver, jusqu'à ce que tu l'ayes accomplie. Mais combien ma mort ne peseroit-elle pas sur ton cœur, si tu y manquois!

CONRARD.

(*Effrayé, veut l'interrompre.*)

HENRY.

Paix, tu ne peux pas me comprendre entièrement. Ami, promets moi de vivre jusqu'à ce que tu ayes fait pénitence ? promets-moi de vivre, quelque chose qui arrive ?

CONRARD.

.... Homme incompréhensible! je te le promets.

HENRY.

Je reçois ta parole. Cher Conrard, nous pouvons donc nous abandonner encore aux plus douces émotions de l'amitié..... (*Ils s'embrassent.*) Adieu!

CONRARD.

Je te reverrai! Henry, je te reverrai!

HENRY (se retournant et d'un ton extrêmement ému.)

Nous nous reverrons!

CONRARD.

Arrête! ton cœur naturellement franc se cache mal sous ces mots à double sens......

HENRY.

Fuis sans délai! je te l'ordonne en vertu des droits que tu m'as donnés sur toi.

CONRARD.

Cruel! j'ai le cœur déchiré.......

SCENE HUITIEME.

HENRY DE WESTHAUSEN, puis après DIDIER D'ARLHEIM masqué.)

HENRY. (Il reste un moment à réfléchir, ensuite il regarde du côté par où Conrard s'est enfui.)

Il est sauvé! il est sauvé.......

(*Une pause, pendant laquelle Didier paroît derriere lui.*

DIDIER, (qui se trouve actuellement devant Henry.)

Au nom de la vengeance secrette, suivez-moi, frere, dans cette forêt.

HENRY, (surpris et reculant en arriere.)

Esprit infernal! qui t'a amené en ce moment entre moi et ma destinée?

DIDIER.

DIDIER.

Un enfant illégitime de la lumiere vient de s'enfuir de ce côté-là; poursuivons le!

HENRY.

Je ne connois plus tes conjurations. Je veux parler la langue des hommes: Conrard de Sontheim s'enfuit?

DIDIER.

Il s'enfuit? Je vous somme par votre serment, de m'aider à le joindre, et à le mettre à mort.

HENRY.

J'ai abjuré mon serment, vous venez trop tard. L'éternel serment d'être humain a fait de beaucoup pancher la balance. C'est par mon secours que Conrard s'est enfui: laissez-le aller; voici le plus grand coupable.

DIDIER.

Je sais tout, Henry; suivez-moi. (*Il ôte son masque.*) Je desirerois ardemment que mon ame pût se faire entendre de la vôtre. J'ai dirigé les choses de cette maniere. Suivez-moi, vous dis-je: je cherche à vous sauver.

HENRY.

Inutilement votre protection voudroit-elle couvrir mon parjure,...... s'il faut que Sontheim périsse.

DIDIER.

Ouvrez les yeux, Henry; décidez-vous à cette action, qui vous dégagera de la tyrannie honteuse de votre cœur. Ce sera votre obéissance, et non ma protection, qui éteindra votre crime.

L

Vous avez été grand ; des êtres comme vous sont nés pour régner sur les hommes et non pour les aimer.

HENRY.

Je ne suis pas curieux de régner sur la foule de ceux que vous seul m'apprendriez à mépriser.

DIDIER.

Vous êtes venu vous réunir à nous, parce que votre génie s'épuisoit en vain faute d'occupation. Le vieillard, qui lors de votre admission, a flatté les habitudes de votre cœur trop sensible, vous a rendu un mauvais service. Son attachement pour vous l'a trompé, et cet attachement deviendra son supplice, si vous n'obéissez pas à ma réquisition.

HENRY.

Sontheim sera-t-il sauvé, si je ne vous suis pas?

DIDIER.

...... Pour expier votre parjure, n'avez-vous que ce moyen?

HENRY.

Que ce moyen? (*Il le regarde fixément et d'un air équivoque.*) ...... J'en connois encore un. (*Il se poignarde. Didier veut s'y opposer, mais trop tard; il ne peut que le recevoir dans ses bras.*) C'étoit pour lui que ce fer avoit été aiguisé....... Qu'il serve à punir mon serment inconsidéré!.... Ah! puisse mon sang te rendre encore une fois l'humanité respectable. (*Il meurt.*)

DIDIER. (Il pose doucement le mort par terre, et le considère avec recueillement.)

.... Elle t'avoit repoussé long-temps avant qus.

SCENE NEUVIEME.

DIDIER D'ARLHEIM, CONRARD DE SONTHEIM, conduit par ZOLLER, et deux autres masques.

CONRARD.

Je suis en votre puissance, vous me connoissez. Que pouvez-vous desirer de plus? faites votre devoir, et exécutez votre arrêt.

ZOLLER (à Didier.)

Où étiez-vous donc?....... (*Il apperçoit le cadavre de Westhausen, qui est couché par terre.*) Ah!

CONRARD.

O pressentiment trop funeste!... Laissez-moi, laissez-moi m'approcher! vous l'avez assassiné.... (*Il tombe sur Westhausen.*)

ZOLLER.

Non! le traître s'est détruit lui-même.

DIDIER.

Misérable! sache que je le vengerai...... Il y a encore ici un ouvrage sanglant à terminer. Mais auparavant je veux contempler ce spectacle horrible, afin qu'aucun sentiment humain ne puisse plus à l'avenir trouver accès dans mon cœur. (*Il prend la main du mort.*) Cette convulsion annonce-t-elle que tu me reconnois encore? que tu m'accuses d'être ton meurtrier?....... (*En frémissant.*) Ton meurtrier?....... ton secret meurtrier? Ah!

orgueilleux mortel, tu étois bien persuadé que je n'oserois pas t'attaquer ouvertement........ (*Il se releve et se détourne.*) Je n'ai pas la force de soutenir ce spectacle. Le sentiment de ma propre existence est prêt à m'abandonner..... Evrard, Evrard ! que ne suis-je aussi pur que toi ! que ne puis-je de même me retirer de l'ordre !.....(*Après une petite pause, il se retourne vers les autres fièrement et d'un ton d'autorité, quoique profondément ému.*) Vous êtes sans chef. Evrard de Cologne a donné sa démission, parce qu'il n'a pu supporter l'affreuse idée que cette noble créature seroit mise à mort en son nom. (*Il montre Westhausen.*) Jusqu'à ce qu'on fasse un nouveau choix, c'est moi qui commande. Retirez-vous. Je vais dire au criminel un mot que vous ne devez pas entendre, après quoi on l'exécutera..... Conrard ! infortuné, leve les yeux !

CONRARD.

Laissez-moi demeurer où je suis. Vous pouvez me tuer aussi bien ici qu'ailleurs. Je ne serai point malheureux, si vos poignards sont bien effilés.

DIDIER.

Conrard, n'y a-t-il donc personne parmi les êtres vivans, qui pourroit avoir des droits sur tes derniers momens ?

CONRARD.

L'opprobre et le malheur sont le partage de ceux qui respirent ; je le sais bien.....

DIDIER.

Non ! va tranquillement, par le chemin de la

mort, rejoindre ton ami. Je remettrai moi-même, entre les mains d'un saint homme, ta femme et ton fils. Evrard de Cologne versera des larmes adoucissantes sur les plaies de Mathilde ; il guidera ton fils Kurd dans le sentier de la vertu. En récompense celui-ci deviendra la consolation de ses vieux jours, et lui fermera les yeux........ Juges du tribunal secret, faites votre devoir! Que Conrard de Sontheim reçoive la punition qu'il a encourue, pour crime de meurtre et d'adultere.

SCENE DIXIEME ET DERNIERE.

LES ACTEURS PRÉCÉDENS, MATHILDE, (dans le fond du théâtre, en habit d'homme, et caché sous un manteau.)

ZOLLER.

QUEL profane ose venir interrompre nôtre ouvrage? qui que tu sois fuies! le tribunal secret travaille en ce lieu.

MATHILDE (accourant.)

Suspendez l'exécution, juges équitables; tremblez de faire périr l'innocent. C'est moi seule que vous devez punir.

DIDIER.

Une femme!

ZOLLER.

Sa femme!

CONRARD,) tournant la tête à sa voix.)

Regarde, Mathilde! il n'y a plus de vie à sacrifier pour moi.

DIDIER.

Infortunée, retirez-vous! le tribunal ne juge pas les femmes. Il punit les hommes de leurs crimes. Nous ne recevons pas votre offre insensée.

MATHILDE (immobile et regardant fixément devant elle.)

Ah! cela est affreux! (*Les francs-juges sont placés derriere elle, et font signe à Conrard de se lever pour les suivre.*)

CONRARD. (Il se baisse encore une fois vers le mort.)

Je ne puis pas! je ne puis pas vivre. Henry, je suis dégagé de mon serment. (*Il se leve en silence. Les masques forment un cercle autour de lui, et tirent leurs poignards. Mathilde effrayée veut arrêter le bras d'Arlheim, qui la repousse doucement avec la main.*)

DIDIER.

Obéis à la nécessité, foible créature. Jette ce voile sur ta tête, afin que tes regards ne profanent pas les actes de justice du tribunal secret. (*Il jette son voile sur elle. Sontheim tombe poignardé.*)

FIN.

OUVRAGES

Du ci-devant Baron de BOCK, *qui se trouvent à Paris, chez* Belin, *libraire, rue St. Jacques, et à Metz, chez* Devilly, *libraire, rue Fournirue.*

Recherches Philosophiques sur l'Origine de la Pitié et divers autres sujets de moral, in-12, broché, 1 liv. 10 s.

La Vie de Frédéric, baron de Trenck, avec fig. 2 volumes in-12, troisieme édition, 3 liv.

Œuvres diverses : tome 1er., contenant, 1°. un essai sur l'histoire du Sabéisme, auquel on a joint le Catéchisme de la religion des Druses; 2°. un mémoire historique sur le peuple Nomade, appellé en France *Bohémien*, et en Allemagne *Zigeuner*, avec une planche de caracteres inconnus : tome second, contenant les apparitions, le Voyageur, le Tribunal Secret, &c. 4 liv.

Histoire de la guerre de sept ans, avec fig. 2 volumes in-12. 3 liv. 12 s.

Herman d'Unna, ou aventures arrivées au commencement du quinzieme siecle, 2 volumes in-12. 5 liv.

Le Tribunal Secret, drame en cinq actes, in-8°. 2 liv. 8 s.

Nota. Le second volume des Œuvres Diverses se vend aussi séparément.

www.ingramcontent.com/pod-product-compliance
Ingram Content Group UK Ltd.
Pitfield, Milton Keynes, MK11 3LW, UK
UKHW020248180726
13839UKWH00001B/256